南京社科学术文库

住房正义的经济学研究

吴海瑾◎著

中国社会科学出版社

图书在版编目（CIP）数据

住房正义的经济学研究/吴海瑾著.—北京：中国社会科学出版社，2019.12

（南京社科学术文库）

ISBN 978-7-5203-3817-2

Ⅰ.①住… Ⅱ.①吴… Ⅲ.①住宅经济—经济发展—研究—中国 Ⅳ.①F299.233

中国版本图书馆 CIP 数据核字（2018）第 292186 号

出 版 人	赵剑英
责任编辑	孙　萍
责任校对	刘　娟
责任印制	王　超

出　　版	中国社会科学出版社
社　　址	北京鼓楼西大街甲 158 号
邮　　编	100720
网　　址	http://www.csspw.cn
发 行 部	010-84083685
门 市 部	010-84029450
经　　销	新华书店及其他书店
印　　刷	北京君升印刷有限公司
装　　订	廊坊市广阳区广增装订厂
版　　次	2019 年 12 月第 1 版
印　　次	2019 年 12 月第 1 次印刷
开　　本	710×1000　1/16
印　　张	11.5
字　　数	188 千字
定　　价	78.00 元

凡购买中国社会科学出版社图书，如有质量问题请与本社营销中心联系调换
电话：010-84083683
版权所有　侵权必究

《南京社科学术文库》编委会

主　编　叶南客

副主编　石　奎　张石平　张佳利

编　委　邓　攀　朱未易　黄　南
　　　　谭志云　周蜀秦

总　序

2017年的中国迎来了党的十九大，进入了全面建成小康社会的决胜阶段，开启了中国特色社会主义新时代。春江水暖鸭先知，社科腾跃正此时。2014年8月出台的《加快推进南京社科强市实施意见》，明确提出了要"更好地发挥哲学社会科学在南京创成率先大业、建设人文绿都、奋力走在苏南现代化建设示范区前列中的理论支持和思想引领作用"，标志着南京社会科学界正肩负起更加神圣而重大的资政育人历史使命，同时也迎来了南京社会科学学术繁荣、形象腾跃的大好季节。值此风生水起之际，南京市社科联、社科院及时推出"南京社科学术文库"，力图团结全市社科系统的专家学者，推出一批有地域风格和实践价值的理论精品学术力作，打造在全国有特色影响的城市社会科学研究品牌。

为了加强社会科学学科高地建设、提升理论引导和文化传承创新的能力，我们组织编纂了南京社科学术文库。 习近平新时代中国特色社会主义思想，是对中国特色社会主义理论体系的丰富和发展，是马克思主义中国化的最新理论成果，是我国哲学社会科学的根本遵循，直接促进了哲学社会科学学科体系、学术观点、科研方法的创新，为建设中国特色、中国风格、中国气派的哲学社会科学指明了方向和路径。本套丛书的重要使命即在于围绕实践中国梦，通过有地域经验特色的理论体系构建和地方实践创新的理论提升，推出一批具有价值引导力、文化凝聚力、精神推动力的社科成果，努力攀登新的学术高峰。

为了激发学术活力打造城市理论创新成果的集成品牌、推广社科强市的品牌形象，我们组织编纂了本套文库。 作为已正式纳入《加快推进南京社科强市实施意见》资助出版高质量的社科著作计划的本套丛书，旨在围绕高水平全面建成小康社会、高质量推进"强富美高"新南京建设的目标，坚持马克思主义指导地位，坚持百花齐放、百家争鸣的方针，创建具有南京地域特色的社会科学创新体系。在建设与南京城市地位和定位相匹配的国内一流的社科强市进程中，推出一批具有社会影响力和文化贡献力的理论精品，建成在全国有一定影响的哲学社会科学学术品牌，由此实现由社科资源大市向社科发展强市的转变。

为了加强社科理论人才队伍建设、培养出一批有全国知名度的地方社科名家，我们组织编纂了本套文库。本套丛书的定位和选题是以南京市社科联、社科院的中青年专家学者为主体，团结全市社科战线的专家学者，遴选有创新意义的选题和底蕴丰厚的成果，力争多出版经得起实践检验、岁月沉淀的学术力作。借助城市协同创新的大平台、多学科交融出新的大舞台，出思想、出成果、出人才，让城市新一代学人的成果集成化、品牌化地脱颖而出，从而实现社科学术成果库和城市学术人才库建设的同构双赢。

盛世筑梦，社科人理应承担价值引领的使命。在南京社科界和中国社会科学出版社的共同努力下，我们期待"南京社科学术文库"成为体现理论创新魅力、彰显人文古都潜力、展现社科强市实力的标志性成果。

叶南客

（作者系江苏省社科联副主席、南京市社会科学院院长、

创新型城市研究院首席专家）

2017 年 10 月

前　言

住房问题不仅是每一个城市发展过程中都曾或是都将遇到的问题，也是城市经济学中的一个重要议题。当代中国正处于经济社会发展的转型时期和城市化快速发展时期，在这样的发展阶段，人口和经济活动不断向城市集中，城市人口不断增加，中国的很多城市正面临着世界历史上最大规模的城乡人口迁移，城市的土地资源和居住空间越来越成为稀缺资源，人口自然增长和人才流动所带来的城市发展压力越来越严重，城市规模扩张、城市更新改造以及土地资源承载力相对不足正在给城市发展带来大量问题。快速城市化进程中的中国住房市场，具有住房市场的一般规律；同时，中国经济社会发展有着与世界上任何一个国家都不同的特征，这使得中国的住房市场也具有中国城市的一些具体特性，会出现一些权益分配的"失序"，甚至"无序"的非正义现象。从1998年开始，时至今日，中国的住房制度改革和发展已经历20年的时间，在此期间，我国城镇居民住房条件得到明显改善，在住房结构上供不应求的现状和矛盾已经得到明显改变。但是，住房发展不平衡不充分与居民的住房需求之间的矛盾仍然存在，这一矛盾已经在社会公正、经济结构平衡和新型城镇化发展等方面产生越来越明显的影响。因而，新的发展阶段，不论从理论层面还是从实践层面，如何更好地实现居民的住房权利，通过更优的制度安排，解决更大多数人的住房问题，实现相对的住房正义问题是一个非常值得关注的问题。新时代住房正义的核心要求和内涵是以人为本，这也是中国新时代住房制度深化改革的目标和价值取向。

住房问题是城市经济学的主要研究问题之一，而正义是哲学家、政治家所关注的核心问题，两者相互叠加，注定了住房正义是一个跨学科研究的论题。但是，目前住房正义是一个很政治化的概念，理论界更多的是以政治化、理想化甚至是道义化的语言去描述住房正义，研究方法多为定性研究。因此，要寻找一个合适的跨学科研究的角度和方法，用城市经济学的方法和指标来论证和阐释住房正义的哲学内涵和经济学价值。而在这一点上正是目前学界的一个薄弱环节。本书利用城市经济学的研究方法来阐释和描述政治色彩十分浓厚的正义的概念，从经济学的视角来审视衡量现代城市发展中的住房正义。

根植于正义理论之上，从正义问题的理论研究入手，从经典理论寻找住房正义的本源和基本原则，旨在从整体上理解和诠释的居住正义，深度挖掘新时代住房正义的核心要义、哲学内涵和原则。当前，公平正义理论正在成为衡量决策行为及过程的核心价值观，也为政策制定和实施提供了新的评估视角。分配正义是整个社会正义的根本内涵、实质所在和最高层次，从分配正义理论高度寻找城市住房正义的思想渊源和核心内涵，进一步拓展和丰富中国特色的社会公平正义理论。

"住房正义"最基本的内涵可以阐释为"给每一个社会成员居住的权利保证"，住房是人生存的必要条件，也是人的基本权利。基于社会主义市场经济下的分配正义原则，目前中国城市的住房正义是分层消费的正义，是承认个体差距的正义，但是差距应该保持在"合理"的范围内。当代中国的正义追求和分配公正原则应以承认利益占有上的不平等和合理差距为前提，但又以相对社会平等为归依。综合正义、分配正义的经典理论以及社会学的分层理论、城市经济学的分层消费理论，提出目前中国城市的居住正义是"给每一个社会成员居住的权利保证"，中国城市的住房正义是分层消费的正义，是承认个体差距的正义，应遵循分层消费和合理差距原则。

但是，并不止于此，本书突破正义、分配正义、住房正义的政治学研究界限，构建经济学研究框架体系，将代表民主、权利的政治学问题放到融合经济、地理、社会多维度体系中去考察研究，尽量扩展文献资料的收集范围，把研究置于一个哲学、政治学、经济学、社会学研究等综合性的学科平台上，充分吸收摄取相关学科研究理论的优长，在此基础上，整合现实问题研究和基础理论研究，实现研究体系上的整体性突破和创新，多元视角审视和衡量现代城市发展中的住房正义问题，得到关于中国城市居住正义的基本判断。基于"分层"和"合理差距"进行实证研究社会成员居住权利的实现程度，把这一分层和合理差距思想贯穿于整个研究中，修正和建构新的数学模型，从三个方面来探讨城市居民是否具有住房权利保证：通过测算不同收入阶层居民的住房支付能力（MHAI），以衡量不同收入层次的居民对于分层次住房的可得性；通过考察住房市场需求和供给的均衡关系，考察住房市场和当地政府是否能根据居民住房支付能力和住房实际需求提供相应的住房供给，从而保证居民的住房基本权利的实现；引入由于居住区位所引致的交通成本，并把交通成本纳入居民住房综合负担的计算中去，通过对城市中心城区的住房与交通综合负担（H & TAI）的研究，更加真实、准确地反映城市居民实际的经济压力、住房可承受能力和居住权利的实现程度，量化不同收入层次家庭的住房权利的实现程度，为了验证，继续将研究框架和研究方法聚焦于南京市的住房市场中，通过实证研究获得南京市住房正义的基本判断，基于实证研究的结果提出制度创新的方向。更加精准地判断不同阶层居民居住权利的实现程度和存在的现实问题，获得对中国城市居民的住房正义的基本判断，提出住房制度创新的方向。

目 录

第一章 绪论 …………………………………………………………（1）
  第一节 住房正义的时代精神 …………………………………（1）
  第二节 住房正义的质化和量化 ………………………………（3）

第二章 分配正义与住房正义 ……………………………………（7）
  第一节 分配正义的理想 ………………………………………（7）
    一 分配正义理论 …………………………………………（7）
    二 新时代中国分配正义及其践行原则 …………………（9）
  第二节 住房正义和可支付能力 ………………………………（12）
    一 住房公平与正义 ………………………………………（12）
    二 新时代中国住房正义及其原则 ………………………（15）
    三 住房正义与住房可支付能力 …………………………（18）

第三章 住房正义的经济学研究架构 ……………………………（22）
  第一节 基本权利与合理分层 …………………………………（22）
    一 住宅过滤 ………………………………………………（22）
    二 人的需求层次与住房分层 ……………………………（25）
    三 社会分层和住房梯度消费 ……………………………（26）
    四 集体消费 ………………………………………………（29）
    五 就业与居住均衡 ………………………………………（30）
  第二节 住房正义经济学研究的框架 …………………………（31）
    一 住房正义经济学研究的框架结构 ……………………（31）
    二 修正的住房可支付能力指数 …………………………（34）
    三 交通与住房综合可支付能力指数 ……………………（35）

四　均衡的供需结构 …………………………………………（35）

第四章　居民住房可支付能力指数研究 ………………………（37）
　第一节　住房可支付能力指数及其修正 …………………………（37）
　　一　传统的住房可支付能力及其局限性 …………………………（37）
　　二　住房可支付能力指数及其修正 ………………………………（39）
　　三　修正的住房可支付能力指数的测算 …………………………（45）
　第二节　南京居民住房可支付能力指数测算 ……………………（47）
　　一　居民分层说明和基础数据的来源 ……………………………（48）
　　二　南京居民家庭非住房消费支出 ………………………………（48）
　　三　南京居民住房可支付能力指数 ………………………………（51）
　第三节　南京市居民住房可支付能力趋势 ………………………（53）
　　一　数据及居民分层分组说明 ……………………………………（53）
　　二　南京居民住房可支付能力指数变化 …………………………（54）
　　三　南京居民住房可支付能力趋势分析 …………………………（65）

第五章　住房供需结构研究 …………………………………………（69）
　第一节　城市住房的梯度配置和供需结构 ………………………（69）
　　一　住房的梯度配置 ………………………………………………（69）
　　二　城市住房市场有效需求和住房梯度需求结构 ………………（70）
　　三　城市住房梯度供给结构 ………………………………………（71）
　　四　城市住房需求结构 ……………………………………………（74）
　第二节　南京不同层次"标准住房"需求量及需求结构测算 ……（76）
　　一　不同收入层次家庭户均住房最大消费支出 …………………（76）
　　二　南京"标准住房"需求量及需求结构
　　　　变动趋势 …………………………………………………………（80）
　第三节　南京不同层次"标准住房"供需结构研究 ………………（81）
　　一　南京住房供给结构分析 ………………………………………（81）
　　二　南京市住房需求与供给均衡性分析 …………………………（86）

第六章　住房与交通综合可支付能力研究 ……………………… (94)
第一节　住房与交通综合可支付能力指数 …………………… (94)
一　住房与交通综合可支付能力指数及其计算方法 ……… (94)
二　案例城市的概况及研究区范围界定 …………………… (96)
三　不同研究方法的数据来源及构成 ……………………… (97)
第二节　家庭原单位法的居民交通与住房综合可支付
　　　　能力研究 …………………………………………… (99)
一　家庭原单位法的收入计算和居民分层 ………………… (99)
二　住房成本及住房可支付能力 …………………………… (99)
三　交通成本及交通可支付能力 …………………………… (101)
四　家庭原单位法的南京居民住房与交通综合可支付
　　能力分析 ………………………………………………… (105)
第三节　个体化家庭交通与住房综合可支付能力研究 ……… (108)
一　个体化交通调查中居民的收入状况 …………………… (108)
二　交通成本和交通可支付能力计算 ……………………… (109)
三　住房成本和住房可支付能力计算 ……………………… (110)
四　基于交通调查截面数据的南京市居民交通与住房
　　综合可支付能力 ………………………………………… (111)

第七章　南京市居民交通与住房可支付能力空间分析 ………… (112)
第一节　交通成本及交通可支付能力的空间分布 …………… (112)
一　交通成本空间分布特点 ………………………………… (112)
二　交通可支付能力空间分布 ……………………………… (116)
第二节　居民家庭住房成本及住房可支付能力的空间
　　　　分布 ………………………………………………… (119)
一　新房的住房成本及住房可支付能力的空间
　　分布特征 ………………………………………………… (119)
二　二手房的住房成本及住房可支付能力的空间分布
　　特征 ……………………………………………………… (121)
三　租房的住房成本及住房可支付能力的空间分布
　　特征 ……………………………………………………… (123)

第三节 居民交通与住房综合可支付能力的空间分布 ……… (125)
　　一　低收入家庭交通与住房可支付能力空间分布 ……… (125)
　　二　中等收入家庭交通与住房可支付能力空间分布 ……… (127)
　　三　高收入家庭交通与住房可支付能力空间分布 ……… (129)
　　四　基于交通与住房综合可支付能力的住房正义分析 ……… (131)

第八章　住房正义的评判 ……………………………………… (140)
　第一节　基于居民住房可支付能力的住房正义分析 ………… (140)
　　一　住房保障制度体现了一定程度的相对公平和人道
　　　　主义原则 ……………………………………………… (140)
　　二　住房正义的"差别"已经超出"合理"界限 ………… (142)
　　三　住房正义陷入"中等收入陷阱"的矛盾之中 ………… (145)
　第二节　基于住房需求与供给均衡分析的住房正义分析 ……… (147)
　　一　住房消费需求呈现两极分化的趋势 ……………………… (147)
　　二　住房梯度供需结构不合理 ………………………………… (148)
　　三　住房供给需求结构不均衡 ………………………………… (149)
　第三节　基于可支付能力空间差异的住房正义分析 ………… (150)
　　一　住房空间分布不能达到职住平衡的相对正义状态 ……… (150)
　　二　职住分离造成城市环境非正义 …………………………… (151)

参考文献 ……………………………………………………… (154)

后　记 ………………………………………………………… (163)

图 目 录

图 3—1　马斯洛的需求层次 ……………………………………（25）
图 3—2　住房需求的层次划分 …………………………………（26）
图 3—3　住房正义跨学科分析的框架结构 ……………………（32）
图 4—1　传统住房可支付能力 …………………………………（38）
图 4—2　引入一定"住房标准"的住房可支付能力……………（40）
图 4—3　假设最低生活成本的住房可支付能力 ………………（44）
图 4—4　南京市 2015 年居民住房可支付能力指数分组说明 …（52）
图 4—5　南京市 2005—2007 年居民住房可支付能力分组说明 …（58）
图 4—6　南京市 2008 年居民住房可支付能力分组说明 ………（59）
图 4—7　南京市 2009 年居民住房可支付能力分组说明 ………（60）
图 4—8　南京市 2010 年居民住房可支付能力分组说明 ………（61）
图 4—9　南京市 2011 年居民住房可支付能力分组说明 ………（62）
图 4—10　南京市 2012 年居民住房可支付能力分组说明 ………（63）
图 4—11　南京市 2013—2015 年居民住房可支付能力分组说明 …（64）
图 4—12　2005—2015 年南京居民 MHAI 变化趋势分析 ………（66）
图 4—13　2005—2015 年南京居民分层 MHAI 变化趋势分析 …（68）
图 5—1　梯度住房消费能力和梯度消费需求 …………………（71）
图 5—2　我国梯度住房供给体系 ………………………………（72）
图 5—3　南京不同层次"标准住房"需求结构变动趋势………（81）
图 5—4　南京住房供给结构趋势变化 …………………………（86）
图 5—5　南京 2005—2015 年经济适用房或小户型商品住房的有效需求变化趋势 ……………………………………（88）
图 5—6　南京 2005—2015 年普通商品住房的有效需求变化趋势 …………………………………………………（88）

图5—7	南京2005—2015年高档商品住房的有效需求变化趋势	(89)
图5—8	南京住房的有效需求与实际供给结构不均衡分析	(91)
图6—1	研究区范围界定和叠加	(97)
图7—1	南京市居民通勤时间空间分布	(113)
图7—2	南京居民月交通支出空间分布	(114)
图7—3	南京市分区划各区居民的一日通勤时间空间分布	(115)
图7—4	南京市分区划各区居民月交通成本空间分布	(115)
图7—5	南京市居民交通可支付能力空间分布图	(117)
图7—6	南京市分行政区划居民交通可支付能力空间分布	(118)
图7—7	南京市新房价格空间分布及居民新房住房成本及住房可支付能力的空间分布	(120)
图7—8	南京市二手房价格空间分布及居民二手房住房成本及住房可支付能力的空间分布	(122)
图7—9	南京市租房价格空间分布及居民租房住房成本及住房可支付能力的空间分布	(124)
图7—10	南京市居民低收入家庭公交出行交通与住房可支付能力空间分布	(126)
图7—11	南京市居民中等收入家庭公交出行交通与住房可支付能力空间分布	(128)
图7—12	南京市居民中等收入家庭私家车出行交通与住房可支付能力空间分布	(130)
图7—13	南京市居民高收入家庭公交出行交通与住房可支付能力空间分布	(132)
图7—14	南京市居民高收入家庭私家车出行交通与住房可支付能力空间分布	(133)
图8—1	2005—2015年南京低收入居民家庭 $MHAI$ 变动趋势	(141)
图8—2	南京中等收入居民家庭收入和住房可支付能力指数变化趋势比较	(146)

表 目 录

表 3—1 "当代中国社会阶层研究报告"对中国的阶层划分 …………………………………… (27)
表 3—2 住房梯度消费 …………………………………………………………… (29)
表 4—1 分层"标准住房"及划分的依据 …………………… (42)
表 4—2 南京城市居民家庭人均消费和可支配收入情况（2015 年） ………………………………… (48)
表 4—3 南京城市居民各项消费 ELES 模型的各项参数（2015 年） ………………………………… (49)
表 4—4 南京城市居民 ELES 模型估计值（2015 年） ………… (50)
表 4—5 不同收入层次的家庭户均住房最大消费支出计算（2015 年） ………………………………… (51)
表 4—6 南京各层次居民住房可支付能力指数（2015 年） …… (51)
表 4—7 2005—2015 年南京各层次居民住房可支付能力指数 …… (55)
表 4—8 2005—2015 年南京居民住房可支付能力指数 $MHAI$ …… (66)
表 5—1 中国住房供给体系 ……………………………………… (73)
表 5—2 南京城市居民不同层次家庭人均各类消费支出和可支配收入情况（2015 年） ………………… (77)
表 5—3 南京城市居民消费支出计量模型估计值（2015 年） … (77)
表 5—4 南京城市居民 ELES 模型估计值（2015 年） ………… (78)
表 5—5 不同收入层次家庭户均住房最大消费支出计算（2015 年） ………………………………… (78)
表 5—6 不同收入层次居民家庭"标准住房"的确定 ………… (79)
表 5—7 南京市针对不同收入阶层的"标准住房"需求量计算（2015 年） ………………………… (79)

表 5—8	南京"标准住房"需求结构变动趋势（2005—2015 年）	（80）
表 5—9	南京市住房供给数量及供给结构（2015 年）	（82）
表 5—10	南京市住房供给需求结构比较（2015 年）	（82）
表 5—11	南京市住房供给数量及供给结构变化趋势（2007—2015 年）	（83）
表 5—12	南京住房供给结构变动趋势（2007—2015 年）	（85）
表 5—13	住房需求和供给的均衡性（2007—2015 年）	（86）
表 6—1	住房与交通综合可支付能力计算的不同方法	（95）
表 6—2	不同方法数据来源	（98）
表 6—3	家庭原单位法的住房成本计算中各区统计的楼盘的数量	（100）
表 6—4	住房可支付能力 HAI 分类	（100）
表 6—5	南京不同收入层次的住房可支付能力（家庭原单位法的 HAI）	（100）
表 6—6	南京地铁线路运行速度及信息	（102）
表 6—7	不同等级路网中的行驶速度	（103）
表 6—8	不同出行方式的时间价值系数表	（103）
表 6—9	交通负担能力指数分类	（104）
表 6—10	南京不同收入层次家庭的交通负担能力	（104）
表 6—11	住房和交通综合负担能力分类	（106）
表 6—12	南京居民交通和住房综合负担能力指数（H & TAI）	（107）
表 6—13	调查区域内南京市居民家庭收入状况分析	（109）
表 7—1	南京市分区划居民家庭交通成本	（113）
表 7—2	南京市分行政区划居民家庭交通可支付能力	（117）
表 7—3	南京居民住房和交通综合负担能力指数（H & TAI）	（134）
表 7—4	南京不同收入层次家庭的交通负担能力	（136）
表 7—5	南京居民由于通勤时间增加和交通工具的使用带来的气体排放总量	（139）
表 8—1	南京市居民家庭住房可得性分析	（143）

表8—2　2005—2015年南京标准住房有效需求结构 …………（147）
表8—3　南京居民由于通勤时间增加和交通工具的使用带来的
　　　　气体排放总量 ……………………………………………（153）

第一章

绪 论

第一节 住房正义的时代精神

党的十九大报告明确提出"要坚持房子是用来住的、不是用来炒的发展定位"。① 从这里可以看出新时代住房正义的核心要求和内涵是以人为本,这是中国新时代住房制度深化改革的目标和价值取向。住房是具有居住功能的民生产品,新时代住房正义的核心要求和内涵是以人为本,因而,在新的住房发展阶段,应该改革住房宏观制度,从突出住房产品的经济属性转变为强调住房的居住本质属性。与此同时,差别对待不同收入层次居民以及他们不同的住房需求特点,根据分层原则,分类界定住房产品的属性,并在供给结构上丰富不同类型住房产品,在住房制度上实现供给主体多元化、保障渠道多样化、租购并举,让全体社会成员实现住有所居的基本权益。

从1998年开始,时至今日,中国的住房制度改革和发展已经历20年的时间,在此期间,我国城镇居民住房条件得到明显改善,2016年城镇居民人均住房建筑面积为36.6平方米,农村居民人均住房建筑面积为45.8平方米,这个数据和1998年住房制度改革之初相比,增加了一倍。可见,在住房结构上供不应求的现状和矛盾已经得到明显改变。但是,住房发展不平衡不充分与居民的住房需求之间的矛盾仍然存在,这一矛盾已经在社会公正、经济结构平衡和新型城镇化发展等方面产生了越来越明显的影响。

当代中国正处于社会发展的转型时期和城市化快速发展时期,在这

---

① 刘卫民:《住房发展进入新时代需要新思路》,《经济参考报》2017年12月13日。

样的发展阶段，人口和经济活动不断向城市集中，城市人口不断增加，中国的很多城市正面临着世界历史上最大规模的城乡人口迁移，城市的土地资源和居住空间越来越成为稀缺资源，人口自然增长和人才流动所带来的城市发展压力越来越严重，城市规模扩张、城市更新改造以及土地资源承载力相对不足正在给城市发展带来大量问题。城市化进程加快：分配正义和住房正义问题凸显，出现一些权益分配的"失序"，甚至"无序"的非正义现象，其中最显著且矛盾突出的问题应属城市居住空间的日益紧张，城市化进程中住房市场出现住房非正义现象和问题。在城市发展过程中，刚性住房需求、改善型住房需求以及住房市场上存在的一部分投资乃至投机性需求，使得城市住房的需求量在不断增加。城市土地资源的有限性和稀缺性使得城市居住空间日益紧张，供给需求之间变得越来越不均衡。

住房是人类的基本生活资料，人的基本住房权利是否能得到保证，关系到全体社会成员的切身利益，也是社会和谐之本。住房制度改革20年，由于在住房市场上更加突出强调住房的商品性和经济性，住房供给结构失衡，与居民的需求结构不相匹配，这使得近几年的房价快速上涨，居民面临着越来越大的住房支付的压力，也由此产生了严重的分配正义和住房正义的社会问题，这些新的问题对社会公平正义理论也提出了新的挑战。因而，目前学术界和政府都面临的一个非常值得研究和关注的重大现实问题——如何评价中国城市的住房正义，如何完善我国的城市住房制度，从而实现各个层次居民的基本住房权利，并从住房正义的视角去丰富和完善新时代社会主义公平正义理论。

在对住房正义定量研究的基础上得出目前中国城市居民住房支付能力、供需结构等关于住房正义问题的相关结论，在实践层面为新时代城市住房制度创新提供新思路，为政府在实践上改革住房宏观制度、调控住房市场提出针对性并具有可行性的建议，从突出住房产品的经济属性转变为强调住房的居住本质属性。与此同时，差别对待不同收入层次居民以及他们不同的住房需求特点，根据分层原则，分类界定住房产品的属性，并在供给结构上丰富不同类型住房产品，在住房制度上实现供给主体多元化、保障渠道多样化、租购并举，让全体社会成员实现住有所居的基本权益。

从本质上说，现代社会的基本关系是权利关系，没有社会成员主体之间基本协调的权利关系，就不会有正义和分配正义问题。分配正义就是对权利的划分，分配给每一个社会成员他所应得的权益就是分配正义。城市发展过程中出现的各种城市权益分配问题，这其中一个重要的方面是关于空间分配问题，社会成员生活、生产必须首先占据一定的空间，这是人的基本权益，如城乡对立问题、城市地区的扩张与蔓延问题、郊区化与新兴城市空间问题等。这些问题的本质是社会性，空间正义的本质就是"社会正义"。而这其中一个重要方面就是居住的空间正义。在工业化社会，随着城市的扩张和发展，居住空间生产成为城市重要功能之一。在居住空间配置领域，就存在着权利的分配问题，政府按照怎样的原则和规则在实现居住空间配置，如何实现社会成员居住的基本权利和义务，这就是居住的空间正义。它至少内蕴着"居者居其屋"和"相对人道"的居住环境，"相对人道"的居住环境涵盖着很多内容，如城市的空间布局、旧城改造、交通设施的规划、居住社区关系，甚至包括邻避设施的布局问题，等等。

本书将研究对象定义为住房正义，旨在更加聚焦社会成员的住房问题，只探讨"居者居其屋"的权利实现问题，没有涉及关于居住正义的其他方面的问题，住房正义的核心内涵就是"给予每一位社会成员居住的权利保证"。

第二节 住房正义的质化和量化

根据住房正义问题所具有的复杂性特点及研究所要求的理论深度、广度和创新性，采用"实证—理论"的研究方法和模式，以定性研究为前提基础，力求从整体上理解和诠释。基于对住房正义哲学内涵的理解和阐释，希望找到一些指标和方法能定量分析和量化阐释住房正义问题，实现量化和质化的相互结合和补充，拓展正义及住房正义问题的研究方法，实现政治学领域研究方法的真正创新。

为了进一步拓展和丰富中国新时代的社会公平正义理论，从分配正义理论高度寻找城市住房正义的思想渊源和核心内涵，住房正义就是

"给人以住房权利保证"。分配正义是整个社会正义的根本内涵、实质所在和最高层次，从分配正义理论高度寻找城市住房正义的思想渊源和核心内涵，"住房正义"最基本的内涵可以阐释为"给每一个社会成员居住的权利保证"，住房是人生存的必要条件，也是人的基本权利。基于社会主义市场经济下的分配正义原则，目前中国城市的住房正义是分层消费的正义，是承认个体差距的正义，但是差距应该保持在"合理"的范围内。实现住房正义必须通过更优的住房制度来实现，从现行的住房制度来看，还存在着多方面深层次问题。

目前住房正义是一个很模糊和政治化的概念，理论界更多的是政治化、理想化甚至是道义化的语言去描述住房正义。而事实上，住房正义是一个跨政治学、城市科学、经济学的研究领域，更需要用城市经济学的方法和指标来进行实证研究与衡量，综合利用经济学、地理学、社会学等多学科的研究方法，来阐释和量化政治色彩十分浓厚的正义的概念。根据"给每一个社会成员以住房的权利保证"的住房正义的内涵，从住房的需求侧和供给侧来展开研究，一方面通过居民家庭可支付能力考察需求方是否有能力实现住房的权利、在多大程度上实现了住房的权利；另一方面通过住房需求供给均衡性分析来考察供给侧是否能提供合理的足够的分层的住房产品，以满足城市中不同阶层消费者的差别性的消费需求选择。通过供给和需求两个层面的指标来具体考量典型城市的居民居住基本权利的实现程度和成本，从而衡量和探讨中国城市居民住房正义。客观地反映中国住房制度改革二十年以来居民的居住权利的实现程度，融合量化研究和定性研究的优势，充分发挥两者的长处，实现两者的相互补充。一是住房可支付性及指数分析：基于分层消费理论，依照住房消费梯度特性，按照可支配收入区分不同层次的家庭，并根据国家关于不同类型住房的相关规定对不同收入阶层的居民家庭设定相应的家庭有效需求住房标准。根据剩余收入法和扩展线性支出系统模型，计算满足不同收入阶层居民住房可支付性指数，量化不同收入家庭的住房消费可支付能力，进而从可支付性的层面来探讨住房正义问题。二是住房需求和供给均衡性研究：通过构建消费支出模型衡量不同层次居民的各项非住房生活消费支出，假设居民家庭年收入总额减去各项非住房生活消费支出的剩余收入可以全部用于住房消费支出，以此判断不同收入阶层居民可承受的最高房屋价格。根据一定时期内城市居民家庭可承受的最高房屋价格，计算住房实际需求及结构，与实际的住房供给结构进行对比分析，查看南京的住房市场是否针对不同需求提供不同的住房供给，找出目前南京市住宅供需存在的主要问题，探讨当前的住房正义问题。三是交通和住房综合可支付能力及指数研究：在城市化水平不断提高的背景之下，不论是多中心发展模式还是单一中心发展模式，城市空间都是在不断扩张中。城市规模的不断发展带来了交通距离的扩大，对于城市通勤者来说，通勤交通的时间成本和货币成本已成为生活的重要负担。因而，为了更加真实、准确地反映城市居民实际的关于居住的综合支付压力和住房正义问题，本书在住房可支付能力的基础上进一步研究居民的交通支付能力，引入住房与交通综合可支付能力指数的概念和计算方法，对南京市中心城区的住房与交通综合负担展开研究。本次研究将住房类型分为新房、二手房、租房三类，在交通成本的计算过程中纳入广义的时间成本概念，并通过可达性分析（家庭原单位法）和交通调查（个体化法）两种不同方式获取交通成本数据，对南京市居民的住房和交通综合负担和承受能力展开研究，并进行空间分析。

住房过滤、分层消费等理论在我国不同规模城市的住房市场是有不同的可应用性的。特大城市会一直存在移民现象，从而影响住房的过滤和稳定，住房理论在我国现阶段如北京或上海这样的大城市，应用性不是很强。而城市规模适度的大中型城市的移民现象不会很严重，而且居民的收入从长期看是稳定增长的，不会有大幅度变化，大中型城市更适用这些理论。南京作为中国东部沿海开放型城市，是中国长三角地区经济比较发达的核心城市，江苏省的政治中心，城市化水平较高，市场活跃度高，人口规模适中，人口流动性较强，并处于人口自然增长状态，具有研究的典型性，因而在全国城市中选择南京作为案例城市进行住房正义的定量定性研究具有很好的代表性。南京城市的综合实力较强，城市规模较大。南京市的经济总量不断提升，2016年，南京GDP总量首破万亿元大关，达到10503亿元，成为全国第11个GDP超万亿的城市。人口规模适中，处于低速增长态势，2016年南京市常住人口为827万人，常住人口城镇化率为82%。基于南京市的整体经济实力、城市规模、人口规模等综合要素，南京在全国城市中应该属于二线城市中的发达城市。从长期看,南京居民收入是稳定而且是不断增长的,统计数据显示,2000年以来,南京城市居民人均可支配收入年均增长11.9%,2016年城镇居民人均可支配收入达到40672元,居民不断增长的收入是住房需求不断增长的基础。住房销售面积在不断增长,住房供给总量增长平稳。人口素质高,人口增长和城市规模在不断扩大,2016年南京市常住人口总量为827万人,户籍人口678.14万人,因而住房的刚性需求也在良性扩大。而且南京是全国科教中心城市,人口受教育程度很高,大学文化程度人口占总人口比重达到26.11%,在全国同类城市中列第1位。受教育程度越高,收入越高,同时也增加了居民的住房可支付能力和买房的可能性。因此,采用南京市作为研究样本城市,针对不同收入阶层的城市居民对居民家庭的住房可支付能力、住房市场供给需求结构进行定量分析和研究,得到住房正义问题的相关判断。

第二章

分配正义与住房正义

第一节 分配正义的理想

一 分配正义理论

公平和正义，一直是人类社会向往和追求的一种美好理想和愿望，早在古希腊亚里士多德时代，"正义"（Justice）就已经被当时的哲学家们所关注。古希腊的哲学家们所涉及的正义范围主要是人的行为。到了19世纪，更多的哲学家、政治学家、伦理学家研究正义问题，占主导地位的是以洛克、卢梭、康德为代表的契约论的功利主义观点，持功利主义观点的学者们认为评判一个社会是否公平正义的根本标准应该是这个社会最大多数社会成员的最大幸福。功利主义者的这一观点是正确的，但是却很容易被认为是可以为了社会最大多数社会成员的最大幸福或多数人的利益而可以不顾甚至是侵犯个人的正当权利。随着人类社会的不断发展，到了近现代时期，"正义"概念被罗尔斯等为代表的哲学家们看作社会制度的首要价值。按照罗尔斯的观点，"正义是社会制度的首要价值，正像真理是思想体系的首要价值一样"[①]。罗尔斯在《正义论》中概括和总结了以洛克、卢梭、康德为代表的哲学家在契约理论中所阐释的关于正义的功利主义观点，在此基础上，罗尔斯抽象出他的"作为公平的正义"[②] 理论，首先，任何一个社会都应该在发展的基础上进行基本政治结构和政治制度的设计，基本政治结构和政治制度的设计应该是向所有社会成员开放全部的权益和义务；其次是要对全体社会

---

① ［美］约翰·罗尔斯：《正义论》，上海译文出版社1991年版。
② 谢俊：《分配正义理论及其当代价值》，《学术交流》2011年5月5日。

成员平等地分配能与他们的付出相对等的利益。这里就包含了罗尔斯的两个正义原则，即合理差别原则和向所有人开放的"博爱"原则。

进入现代社会，公平和正义更成为衡量一个社会文明程度的标志。不同时代、不同社会阶层的对于正义的理解多种多样。如何界说正义，这是任何一种正义观的基本前提问题。正义是人类社会实践的必然产物，它真实地存在于人与人之间的利益关系以及基于此的各种社会关系之中，人类的正义追求，注定和人的利益分配关系的发展和完善相关。从这样一个客观前提出发，我们就会发现正义的本质内容是社会关系对生产力状态的适应性，是各种社会关系达到一种理想的合理状态。那么应该怎样衡量我们所生活的这个纷繁的现实世界是否正义呢？也就是正义的标准是什么呢？对于这个问题，自古以来就一直有着一条普遍被接受的标准和公理：分配给每一个人他所"应得"的东西。

然而，正是这个看似十分简单的标准产生出另一个问题：应该如何理解"应得"二字？一个社会应该依据什么标准去判断分配给某个人的是不是他应该得的，是否合理呢？这就是分配正义问题。分配正义问题是关于一个社会是否正义的标准问题，是整个社会正义的根本内涵，它涵盖了社会关系的每一个领域，是正义理论的核心问题、实质所在和最高层次，是最复杂、分歧最多也是最有现实意义的问题。它体现着不同社会制度下各种"善"，即权利和义务分配的合理性和平等性，是评判一种社会制度和规则是否合理及合理程度的主要依据，是社会关系合理性的实际体现和最终归宿。

一般来讲，正义观念及分配正义原则都应该是通过明确的社会制度或者是社会结构体系体现出来，在公平正义理论体系里，社会是追求利益互惠的合作和社会实践，其基本制度的作用是规定内部成员合作和社会实践的规则体系，它引导社会成员参加社会实践合力产生较大利益，并设计每一个社会个体在此过程中应该享有多少利益的相关原则。因而，社会实践的状况是一个社会选择正义原则的现实依据，决定着在一个社会中正义观念的发展以及基于正义观念的制度设计。弘扬社会公平和正义是构建社会主义和谐社会的重要组成部分，也是中国共产党一贯坚持的治国理念、政治主张、价值追求和重要历史任务。改革开放以来，中国一直在进行着一场深刻的社会变革，致力于发展社会主义市场经济，走一条中国特色的社会主义道路。今天，改革进入攻坚阶段，社会矛盾发生了重大变化，这便是我们正义观念和确定分配原则的现实依据。在这样一种现实背景之下，究竟应该怎样实现分配，既能符合市场经济规律，得其所"应得"，激发全体社会成员的积极性，又能体现社会主义的本质要求和先进性，保障全体社会成员参与社会活动的基本权利，同时又能在发展并不充分的前提下满足社会成员不断提高的对美好生活的诉求。

二 新时代中国分配正义及其践行原则

当代中国社会选择怎样的分配正义原则应该取决于中国社会发展的实际，根植于中国的现实基础。中国的现实基础有三点特征：中国特色社会主义、市场经济、发展不充分。在这样的现实条件下，社会分配正义的具体内容必须要体现当代中国的新特色。现阶段发展不充分决定了社会资源的缺乏，资源稀缺便会产生利益占有上的不均衡，因而，市场经济条件下的分配正义就首先应以承认不平等与合理差距为前提。但社会主义根本制度是以必须要保证全体社会成员的平等发展为使命，因而，新时代中国的分配正义又以相对平等为归依。在这个现实基础上，中国社会的分配正义要从三个层次来理解：

1. 市场经济条件下的社会个体之间的合理差距

分配正义的核心观念是"得所当得"，多少年来，社会在变迁，思想在发展，但是"得所当得"的基本内涵没有改变。市场经济条件下，社会个体的活动和行为应该遵循价值规律、竞争规律以及效率规律，因而，"得所当得"就应该付出获得对等，社会个体的任何参与社会活动的行为所带来的后果都是其"应得"，既有正面意义的利益、好处的获得，也有负面意义的负担、害处的承担。

"得所当得"表达着两层含义：

第一是平等地享有资格。"得所当得"实际上首先是在表明每一个人都是平等的，每一个社会个体都具有分享社会资源和各种善的可能性，这是一种资格，这种资格是人人皆有的平等的权利，不取决于社会个体的先天差异。每一个成员占有和运用社会资源的权利是平等的，有了这样的平等起点，才能保证通过个体行为得其当得的各种利益和义务。

第二是付出决定合理差距。分配正义既然要求平等地"得所当得",就会产生差距,这个差距其实是更进一步的平等要求,是符合比例的平等。社会个体占有社会资源、分享社会以及利用社会资源的起点是平等的,但是个体之间的差异决定了个体之间的付出是不相等的,所以,如果分配正义要求平等地"得所当得",就是在表达付出多少,获得也是多少的平等理念。付出平等,获得也应平等;付出如果不同等,所得也应不同等。一般来讲,在自然状态下,社会个体能力受到各种条件的影响,付出多少成本因人而异,存在差距,那么付出的差距就要通过社会个体所得的差距体现出来,才是公平正义的。在这里,社会个体之间的差距正是体现了分配的正义。但社会个体之间的差距必须合理,所得的差距必须与个体行为付出的差距相互对应。总之,市场经济条件下的分配正义更强调基于付出的合理差距的存在,并不主张平均主义。一个社会组织和制度如果致力于促进社会成员之间幸福地平均分配,强求绝对的一致和一律的平等,并不是一个好的制度,反而可能会损害社会进步并停滞不前。

2. 社会主义制度安排下的二次分配的相对均等

那么一个公正的社会首先就应该有责任保证社会个体能够跨越各种天赋的、自然的条件边界,得到基本的机会和可能性去充分发挥和实现社会个体的才能,从而通过努力得到其应该得到的。一个公正的社会不仅要承认社会个体之间由于付出的多少而产生的利益分配上的差距,更加重要的是还要承担逐步缩小这种差距的理性责任,这需要借助人类主体进行理性的应然判断选择,并在这样的理性判断之下所采取的相应外部手段的不断干涉,即构建一个体现分配正义价值导向的社会制度安排。这样的制度安排更加关注社会基础资源的分配,更关注于如何公平地向社会成员提供他们必需的基础资源,关注如何通过二次分配保障成员享有参与社会基础资源分享活动的基本权利,促进每一个社会个体都享有社会分配的可能性,从而获得人的自由发展。

当代中国的社会主义制度便是这样一个制度安排,一方面,通过政府公共政策保持社会成员在社会各种公共利益分享上处于大体均衡的状态,公共利益的分享一般不存在排他性和竞争性;另一方面是为了缓和社会成员之间的差距,通过调控二次分配,限制或者调解社会资源的再次分配,以实现资源占有的"相对均等"。"相对均等"的意思是在质上人人相似,但是在量上会因人而异,是在发展不够充分、社会资源还不够充沛的前提下的二次"分配结果"的相对均等。在这样的社会制度之下,社会成员之间的差距会更有利于"共同富裕"(相对),而不是两极分化、破坏社会成员利益的共同增进。

3. 强调"以人为本"的人道主义原则

"人道"主义主要指的是以人为本。社会个体是所有社会资源、社会利益的主体,平等的个体是参与社会实践、合作生产各种利益的主体,是参与社会各种利益分配的主体,也是分配利益的主体。正义问题因人而起,人是阐释正义本质的根本出发点,同时也是解决正义问题的最终落脚点。千百年来,人们追求正义的最终目的只有一个,那就是使人更好地生存与发展,所以,谈论正义、分配正义必须回到人这样一个原点,都应该强调"以人为本"的人道主义。

在当今中国社会中,社会利益分配的正义的根本目标是追求人更好地生存和发展,必须尊重和保护人的基本的生存权利和发展权利,社会公共政策和制度安排应对每个人的生存、发展权利予以保证。一方面,通过社会保障制度给予处境较差的社会个体一定的通道,使其能在这样的通道中付出相对较少的成本而得到必需的社会资源,从而获得发展的机会,这里的"必需的社会资源"应该不是社会稀缺资源。另一方面,社会中会有很多由于各种原因,如遭遇各种灾难、天赋条件等,而缺乏参与社会选择、社会实践活动能力的个体,在制度安排上必须给予帮助和照顾,提供人道主义支援,为其生存、发展提供基本物质条件。虽然任何社会制度都不应以强制手段迫使一些处境优者给予其他处境差者以利益,但是,一个社会结构中,处境较优者在不断追求个体本身利益最大化的时候,也能给无能力的社会个体提供一定的好处,这是一种双赢的结局,有利于社会的稳定。这种双赢和稳定的结局不是靠偶然的英雄主义为之,而是应该依靠一定的正义观念引领下的规则和制度的引导。

综上,当代中国社会的分配正义的原则,应该具有这样三层内涵:合理差距原则,理性社会制度安排下的分配结果相对均等原则以及"以人为本"的人道主义原则。在这三项原则之中，合理差距原则是基础，因为在市场经济条件下，只有每个社会成员在市场机制的刺激作用下达到个体的最大效率，整个社会才能充满活力，具有高效率，从而有望实现社会资源和财富总量的不断增加。社会制度安排上的分配结果的相对均等和"以人为本"的人道主义应该是三项原则之核心，因为在社会主义条件下，特别是在目前中国整个社会的资源并不十分充裕，发展并不充分，相对均等是社会公平的基本要求。三项原则应该分属不同的分配领域，具有各自的适用范围和针对人群。分清各自的适用边界和各自的作用，才能达成市场经济与社会主义制度的统一，才能保证人的发展的基本权利，才能尊重社会个体不同的付出成本和不同的获得，才能促进社会共同利益的增进并最终实现全体社会成员共同发展的小康社会目标。

第二节　住房正义和可支付能力

一　住房公平与正义

住房是人之为人的首要所需，因社会发展的阶段不同以及个体消费能力处于不同水平，住房呈现多种多样的形式和功能。在人类社会发展的历程中，人们从未有过中断。随着社会的发展，社会个体一直在追求居住空间的优化和扩大，在这一过程中，不可避免地进行着关于居住空间扩大和分配居住权益的思考。马克思、恩格斯理论是较早系统关注住房正义的经典理论，其中包括住房正义问题产生的原因、资本主义社会关于住房正义的诉求以及住房正义的实现路径。在资本主义社会可能会出现住房非正义问题和现象，主要表现形式多样，如住房供给与需求之间存在矛盾，居住空间的稀缺性与住房的公平分配之间存在矛盾，居住小区与环境之间存在矛盾，居民由于种族、宗教、职业、生活习惯、文化水准或财富差异等原因产生阶层分化，等等。人口向城镇的大量涌入、居住空间规划的失序、居住主体不良的生活习惯是资本主义社会住房失义的外因，而资本主义制度则是内因；马克思、恩格斯从人口、规划、居住区位、社会个体的生活习惯等多方面分析了资本主义社会制度下住房非正义现象出现的原因；之后提出了居住正义的理想是平等、自由、和谐，实现的路径是消灭资本主义社会制度。

后来，在此基础上，国外的一些学者从其他学科视角继续研究城市住房正义问题。法国学者列斐伏尔认为居住空间供给不足导致了居住非正义，只有不断地实现空间生产并且保证居住空间生产的正义，居住才可能实现正义。爱德华·苏贾是美国的地理学家和城市规划学家，他在马克思、恩格斯理论基础上阐释了提供居住空间、保障居住权益的重要意义。他认为居住空间正义缺失主要表现为空间贫困和居住分异，揭示了导致空间正义缺失的主要原因是资本任性和权力滥用，主张边缘群体应该采取集体行动来对抗空间不正义。

中国学者从马克思和恩格斯经典理论出发，展开对于住房正义的研究。2000年之前，中国学者们研究的重点主要集中在分析概括马克思主义经典作家对于居住正义的理解和解决办法。2000年之后，学者们研究的视角更为广阔。王文东[1]认为居住隔离、居住空间极化、居住与人的尊严身份是居住正义的核心问题。何舒文、邹军[2]从现代城市更新的角度阐释了居住空间正义的价值观，他们认为社会制度需要对居住空间实现不断生产并实现居住空间配置的均衡，这是社会成员的一种基本权利和义务。刘刚[3]认为城市化进程中人口大量向城市迁移，现代城市的规划建设不合理，社会个体的生活习惯不科学等是居住问题上有失公义的主要原因所在。高春花[4]从伦理和建筑学角度研究住房正义问题，认为居住空间的越来越稀缺是居住正义缺失的主要表现，居民的收入差异是主要原因，应该针对中低收入群体实行光谱性的制度建设来改变这一局面。林秀珍[5]提出居民的收入分配是影响居住问题的主要原因，居

---

[1] 王文东：《恩格斯的居住正义思想及其启示》，《哲学动态》2010年第5期。
[2] 何舒文、邹军：《基于居住空间正义价值观的城市更新评述》，《国际城市规划》2010年第4期。
[3] 刘刚：《马克思恩格斯居住正义思想研究》，硕士学位论文，福建师范大学，2012年。
[4] 高春花：《居住空间正义缺失的表现、原因及解决路径——以爱德华·苏贾为例》，《伦理学研究》2015年第1期。
[5] 林秀珍：《基于收入分配视域的居住正义国际比较》，博士学位论文，福建师范大学，2015年。

民家庭收入状况不同不仅决定着对购买住房的负担能力，另一方面，社会个体购买住房的状况也决定了不同社会个体及其家庭的财政状况。但是，止于此，林秀珍、高春花等学者只是提出了这样一个观点，没有继续深入研究居民的收入究竟如何影响、在多大范围影响居民的住房问题。他们可能沿用房价收入比的思想，认为收入低的居民的住房就一定处于非正义状态，因而林秀珍认为住房保障制度建设是解决住房非正义的主要路径；为了寻找一种更合理的住房保障制度，林秀珍运用比较研究的方法，研究了世界上典型国家和地区的住房保障政策。

综上所述，对于住房正义的研究，中外学者都有大量的可贵的研究成果，富有启发性。中外学者的研究重点，一是多集中在住房正义的合理性研究上；二是研究重点涉及住房保障制度和政策创新；三是研究方法多为定性研究。综合他们的研究，可以看出还存在进一步深入研究的空间：一是缺乏科学的定量研究，说服力不强。对于究竟什么是现代城市的住房正义、如何衡量住房正义缺乏实证研究，没有说服力。而目前学界出现了一些从居民收入分配的角度研究住房问题的成果，但是研究的方法多采用简单的房价收入比一类的方法，显然这样的研究方法并不是很科学。二是可以进一步拓宽经济学研究视角。中外学者从法哲学的研究视角出发，认为居住正义是人权的一种，是一项社会保障和福利制度。虽然有学者在研究住房正义中也提到关于居民收入的问题，但是没有将居民收入与住房正义问题综合来研究。另外，实现住房正义还涉及供需双方的均衡、优化和提升居民收入结构等多个领域的创新。住房正义不再仅仅只是低收入阶层的问题，而是一个基于社会不同阶层划分的全社会都应关注的问题；也不仅仅只是住房保障领域的问题，住房问题越来越涉及金融、税收、社会等多个领域，可以说，住房正义问题是一个跨学科的问题，研究视角有待进一步拓宽。三是制度创新研究针对性可以继续加强。很多学者关注的更多的是世界上先进国家对低收入阶层住房保障的制度建设，其他国家的住房制度在中国并不一定具有可行性，中国的住房问题和城市发展研究应该建立在对中国城市的特殊性研究上，制度安排更应是基于中国城市和住房问题之上。

二 新时代中国住房正义及其原则

1. 基于分配正义的住房正义及其原则

住房的首要价值内涵是人之为人的首要所需,为人的生存和发展提供基本的空间保证,是人生存和发展的基本权利之一。其次,在当代中国社会主义市场经济条件下,住房还是商品,其商品经济性的价值内涵不可忽略。住房是一种特殊的社会资源和利益,住房作为一种特殊的商品,兼具个体消费的经济性和集体消费的社会性的特征。在工业化社会,随着城市的扩张和发展,居住空间生产成为城市重要功能之一,在居住空间配置领域,就存在着权利的分配问题。在人类社会发展的历程中,人们从未有过中断。随着社会的发展,社会个体一直在追求居住空间的优化和扩大,在这一过程中,不可避免地进行着关于居住空间扩大和分配居住权益的思考。

中国的发展经历、住房制度改革的实践和现实的状况决定着住房正义观念的发展以及基于正义观念的住房正义原则设计。社会主义的社会制度首先就强调"以人为本",每个社会成员都应获得发展的基本权利保障。社会个体之间由于出身背景、天赋条件、知识与素养等条件,甚至是运气都存在差异,造成能力大小和可以付出的成本条件完全不同,从而在社会结构中处于不同的层次。但是,不论社会成员处于什么层次中,都不应丧失发展的基本权利,在基本权利保障上产生本质差异。

作为人的发展基本权利,住房正义探讨"居者居其屋"的权利实现问题,其核心内涵就是"给予每一位社会成员居住的权利保证",关注的是一个社会制度体系按照怎样的原则和规则在实现居住空间配置,如何实现社会成员居住的基本权利和义务。作为一种特殊的商品,住房正义也关注如何执行付出与获得对等的公平原则,因社会发展的阶段不同以及个体消费能力处于不同水平,住房呈现多种多样的形式和功能,社会个体的付出差异如何通过不同住房所得得到合理体现。

当代中国的"住房正义"应体现出社会主义分配正义原则的三层内涵,即市场经济条件下的合理差距、社会主义制度下的二次分配的相对平等、强调"以人为本"的人道主义。

（1）合理差距原则：社会个体之间在经济状况上存在很大差异，他们各自根据不同的条件和住房偏好，通过市场机制在住房市场上分层消费，选择不同功能、价格的住房，以不同的住房方式获得居住的空间，实现住房的基本权利，在这一过程中也形成了在初次分配时的合理差距。

（2）二次分配的相对公平原则：有一部分社会成员，由于各种不同的原因，他们可能不具备完整的获得住房解决居住空间的能力。为了缓和社会成员之间的差距，政府应通过政策调控二次分配，设计一定的制度优惠政策增强这部分成员获得住房的能力，从而解决住房问题，如经济适用房和限价商品房等，达到调解社会资源的再次分配的结果，这样的政策制度要设计合理的准入门槛，在量上要因人而异。

（3）人道主义原则：对于处境较差，暂时或者长期缺乏参与社会选择、获得住房能力的个体，在制度安排上必须给予帮助和照顾，提供人道主义援助，为其生存、发展提供基本的住房条件，如通过制度安排提供廉租房、公共租赁住房。

2. 当代中国住房正义的前提是分层消费形成的合理差距

当代中国的住房正义是分层消费的正义，是承认个体差别的正义，通过市场机制实现住房资源的合理差别化分配。一方面，城市住房的消费主体是居住于城市的居民，由于个人能力的大小、机遇等造成了其收入水平、社会地位等自身条件或环境因素的差异，这决定了社会成员及其家庭的收入状况、社会资源占有程度等条件不同，通过市场机制选择住房的能力是不同的，消费能力是梯度化的。在相对稳定的一段时期内，社会个体会根据不同的条件和消费能力，在市场机制调节下形成住房消费需求的梯度变化结构，不同收入水平和经济能力的社会个体会根据家庭情况选择不同功能类型、不同面积、不同价格的住房，以合理的差别化原则实现住房的基本权利，从而使得住房正义体现出合理差距原则和特征。另一方面，在相对稳定的一段时期内，住房市场的供给是否能满足不同消费层次的社会成员及其家庭的差别性的住房消费需求选择，在住房商品化、市场化条件下，这种合理差别一定会体现在住房需求结构、住房供给结构和住房产品的档次结构等许多方面，即城市住房正义必须体现出梯度需求结构与梯度供给结构相匹配的原则，各类住房应该按需供给，开发和提供的功能、房型、大小等必须是多样性的。否则就会出现不同层次的供需之间的断层，造成不同层次住房需求之间的挤压和倒灌，造成资源浪费或者是非正义的住房价格上涨现象的出现。

3. 当代中国住房正义的核心是实现"住有所居"

当代中国的住房正义首先承认社会个体差别的存在，这里的承认社会个体差别的存在正是体现了对个体权利的尊重，针对有能力支付与收入水平相当的住房的社会个体，住房是一个经济问题，供给与需求完全可以由市场机制调节，社会个体可以通过市场机制实现住房资源的合理差别化分配。

国家与政府是各种社会资源、社会财富以及各种社会利益的组织生产者、提供者和保障分配者，社会成员对社会利益的占有与分配需要通过基本的社会结构和基本的制度安排才能实现，正义贯穿于制度的设置和实施的整个过程之中。国家与政府承担两项任务：一是效益任务，促成社会成员形成互惠合作，组织和引导社会成员合力产生越来越大的社会利益。二是公平任务，担当缩小社会成员利益分配的差距的责任，通过设置一定的社会政治、经济制度，保障社会成员享有基本的社会权利和基本经济利益，以调节成员之间的差别。

国家和政府更重要的职责是不断缩小社会成员利益分配的差距，因而，差距就应该保持在"合理"的范围内。然而，"合理"的度在哪里？这个合理"度"体现在两个方面，一是在一次分配领域市场机制作用下，对于微观主体来说要充分体现出付出与获得对等的原则。付出的成本多少，获得相应的住房。如果不相对等，将出现投机的住房非正义现象。二是要通过制度创新，用更优的住房保障制度实现人人享有居住的基本权利，这是人之为人的社会资格所决定的应当具有的基本社会权利，对于中低及低收入群体，他们的收入水平无力通过市场解决住房困境，这就使得住房涉及社会和谐，成为社会问题，住房呈现出集体消费的社会性。当市场失灵出现，市场机制无法配置作为集体消费品的住房资源时，政府必须要采取应对措施，承担起生产、供给和管理住房作为集体消费品的责任。政府要通过一定的顶层设计和政策调整实现住房领域的二次分配，实现住房领域的相对公平原则和人道主义。一部分社会成员及其家庭没有扩展住房消费的能力，通过政府在住房领域的二次分配的制度优惠政策，如经济适用房和限价商品房，增强了住房市场消费能力，从而帮助一部分社会成员通过购买住房实现了住房权利；还有一部分长期参与社会分配的能力比较弱的社会成员，政府通过廉租房、公共租赁住房制度建设以解决他们的住房问题。

保障每一个社会个体都有房子居住，这就是"住有所居""居者居其屋"的目标和理念，这是目前我国住房正义的核心所在。

综上，当代中国住房"分配正义"既要尊重市场经济条件下的合理差距，同时又要通过制度完善实现二次分配的相对平等，强调"以人为本"。按社会个体的不同能力和偏好划分，可分为低收入阶层"居者安其屋"、中等收入阶层"居者有其屋"、高收入阶层"居者优其屋"。市场机制下的合理差距和政府的二次分配制度安排要建立一个梯度责任，要充分依靠市场发展商品住房，满足中等收入者和高收入者。对住房的多种需求，政府要承担起保障低收入困难阶层住房安全和住房权益的责任，满足其基本的住房需求。但是，重要的是要注意责任边界，不可缺位或是越位，政府越位干预市场机制，干扰市场规律下的付出获得对等，不仅会破坏市场效率，更严重的将会引导社会成员更多的关注非正义的投机行为，而不是成员之间的互惠合作生产更多的社会利益。政府缺位于调节住房资源的再分配，社会成员之间的差距又将会沿着非正义的两极分化的趋势发展下去。

三　住房正义与住房可支付能力

住房可支付能力是衡量居民是否可以实现住房权利和住房正义的最为直观的标准。可支付能力（affordability）的概念最早起源于19世纪对家庭预算的研究。1857年恩格尔（E. Engel）首次使用支出收入比研究家庭住房的可支付能力（恩格尔认为住房支出并不会随着收入的变化而变化）。现代关于住房负担能力的讨论起源于20世纪八九十年代，发达国家如英、美、澳等把住房负担能力作为政府制订住房计划的关注焦点。传统负担能力的研究以住房支出收入比为主，基于历史、制度和社会价值等因素以25%或者30%为是否具有负担能力的衡量标准，也有学者以50%作为判断家庭是否存在严重住房负担的依据（国内外银行为控制金融风险，也以月贷款额不得超过月收入的 50% 作为是否提供贷款的依据）。从研究成果看，国外学者对住房可支付能力的研究大多是现实性的，即研究现有房价和收入水平之间的关系，也有学者研究了不同时间段、不同年龄阶段人群的住房负担能力。

我国已有不少学者对居民的住房负担有了一些研究。他们大多采用房价收入比的方法研究不同房价水平、不同住房面积对研究对象住房可支付能力的影响。王青采用房价收入比法对西安市新房和二手房的负担能力做了实证分析。王雪峰运用住房支出收入比法对苏州、上海、武汉、深圳四个城市的二手房负担能力进行了对比分析。吴刚采用房价收入比、住房可支付性指数、月供收入比和月供消费结余指标等多种方法对 2000—2008 年我国 10 个城市居民的住房支付能力进行比较研究。复旦大学学者用动态房价收入法对买房后不同阶段的不同收入人群的房价收入比进行了对比研究。杨赞等采用剩余收入法对北京市居民的住房可支付能力进行了探究，提出借鉴国外经验，发展共有产权经济适用房以满足中低收入人群需要的建议。

"二战"以后城市发展进入高潮期，发达国家，尤其是美国、澳大利亚等地区的郊区化现象日益严重。郊区低密度的发展模式在很大程度上降低了可达性，并带来了长距离的交通出行和私人交通工具的广泛使用。与此同时，也带来了大量温室气体排放和环境污染等问题。而随着低密度发展模式的蔓延，城市扩张日益严重。相关学者研究表明，在此背景下，想要提高住房的可支付能力，规划机构就必须放纵城市边缘地区的发展。而这又在某种程度上刺激了城市的无序扩张。因此，不少学者开始针对现实反思原有住房可支付能力测度是否足够合理和科学。大多数学者的住房可支付能力的研究在很大程度上忽略了如交通支出等费用对支付能力的影响。而现实的研究也表明，低房价地区往往伴随着长通勤距离和高交通费用支出。如美国学者的相关研究表明，一个工人家庭在住房上节约 1 美元，就有超过 77 美分花在交通上。相关研究也发现居住在外围区域的家庭比内城家庭的公交可达性更低，他们更大程度上依赖小汽车出行，因此对低收入家庭来说，郊区的交通费用支出是一笔极大的负担。由此，2006 年美国 CNT 和 CTD 同时提出构建住房和交通可支付能力指数，加入交通成本更真实地测度家庭对住房的负担能力。

目前国外对住房与交通综合负担能力的研究已经较为成熟。学者通过对新西兰奥克兰州住房与交通可支付能力的研究发现，从不同区域的角度分析，如果考虑交通成本的影响，居民的关于住房的综合负担能力是有很大不同的，并且在空间格局上产生很大影响。St. Paul[①] 对 Minneapolis（美国明尼苏达州）的实证研究表明：在公共交通发达的区域以及结构紧凑的地区，住房和交通的可支付能力更强。而相关研究也发现：交通可达性和城市中心距离呈现负相关关系，而住房支出与城市中心距离呈现正相关关系。也就是说，越靠近城市中心的区域，住房支出相应增高，但是交通可达性也会提高，由此付出的交通支出就降低；而离城市中心远的区域，住房支出相对降低，但交通支出则会增高。有学者通过对伊朗库姆的研究也发现，郊区家庭在住房和交通上的支出远远超过中心区家庭。此外，芝加哥的综合支付能力报告表明，年收入低于平均水平的家庭选择范围更窄，并认可了住房与交通可支付指数的现实实践意义，把住房与交通可支付指数及其计算方法用来规划2040年芝加哥城市功能体系。

国内已有学者在研究居民住房支付能力问题时，考虑了交通因素。一项成果是北京的清华大学郑思奇、刘可婧、孙伟增[②]的《住房与交通综合可支付性指数的设计与应用》。学者采用北京2005年的交通调查数据以及网上获取的房价数据将北京市城八区划分为64个区，对不同区域不同出行方式的住房与交通综合可支付能力进行了测度。这项研究是国内学者测度住房和交通综合可支付能力的第一项成果，具有很重要的意义和价值。但研究中界定北京市区内部的交通区块范围较大，研究较为宏观，且计算结果仅是现状反映，并没有排除家庭因素的影响，单纯从区位角度出发，研究不同区域住房与交通可支付

---

① Hall T. Urban Geography [M]. Third edition. Routledge Contemporary Human Geography, 2006.

② 郑思齐、刘可婧、孙伟增：《住房与交通综合可支付性指数的设计与应用——以北京为例》，《城市发展研究》2011年第2期。

能力的空间差异。还有一项成果是南京大学的万滕莲、翟国方、何仲禹[①]等学者的研究成果《住房与交通可支付能力空间特征研究》。这项研究不仅考虑了交通因素的影响，采用了广义的交通成本的计算方法，加入了交通时间成本，还关注了城市内部不同区域间住房可支付能力的空间差异。这一研究方法和思路非常科学和卓有成效，填补了国内目前对交通与住房可支付能力研究的诸多空白。本书在第六章中将采用这一研究思路并进一步深入探讨。

---

① 万滕莲、翟国方、何仲禹：《住房与交通可支付能力空间特征研究》，《经济地理》2016年第2期。

第三章

住房正义的经济学研究架构

正义是对社会利益的分配,如果把住房看作人的一项基本权利,住房正义就是给每一位社会成员以住房的权利保证。当代中国的正义追求和分配公正原则应以承认资源占有上的不平等和合理差距为前提,但又以相对社会平等为归依。因而,住房正义的核心是实现分层的"住有所居",社会成员根据不同的条件和资源占有条件通过市场机制可以选择不同类型的住房,以不同的方式实现住房的基本权利。从这样的住房正义及其原则出发,建构住房正义多学科研究的框架,通过考量样本城市的居民的可支付能力和住房供需结构,来衡量和探讨社会成员住房正义问题。

第一节 基本权利与合理分层

一 住宅过滤

"住房过滤"是一种新陈代谢的自然规律,存在于任何一个相对均衡住房市场中。住房过滤描述了在阶梯化需求的作用机制下,住房商品的整个生命周期,解释了在这一过程中,住房在使用价值上耐久性以及住房商品的服务质量和数量随着时间推移的递延性,这种递延性一般表现为使用价值和数量的递减,但是在现代很多大城市中,这种递延性也表现为递增的态势。"城市住房过滤是一个包含着新建住宅不断产生,现有住宅不断老化,价值下降和无使用价值的住房被拆除的过程"[①]。

---

① 孙宇廷:《城市住房梯度配置与过滤系统研究》,硕士学位论文,哈尔滨工业大学,2012年。

在住房市场中，住房供给者根据发展目标、市场需求等因素不断建造并向市场提供不同结构和不同功能的住房，之后，随着住房使用时间的推移，住房的各种功能呈现逐渐下降的趋势，一般来说，住房的价值会随着各种功能减退而下降。作为住房市场消费一方，消费能力较强者一般会购买新房或者是功能更加全面的住房，然后，随着时间的推移和住房功能的减退，为了改善居住的品质而重新购买住房，消费能力较强者会将原有住房按照一定价格出租或出售给消费能力和消费需求稍低者。同样的道理，一定时期之后，原来的住房的功能会更加减退、价值更加减少，消费能力和消费需求稍低者继续以更低的价格出租或低价出售给消费能力和消费需求更低者。这样，住房市场上的住房层层过滤，直至最后，由于城市更新、住房功能减退、住房结构无法再居住等方面的原因，被政府拆除。然后再由住房市场供给者新建住房，从而开始新一轮住房的新陈代谢过程。在这一过程中，在市场机制的作用下，住房供给上的不断新建和老化、住房需求上的梯度需求，推动着不同收入层次的消费者搬迁和市场交易，住房过滤实现了住房商品在其生命周期中的不同时期的使用价值，住房市场达到了住房资源的有效配置，消费者和生产者都实现了效用和利润最大化。

E. W. Bugress[①]在研究和阐释芝加哥城市的居住格局变化时，提出了住房"过滤"的理论，E. W. Bugress 从对芝加哥城市的新建住房和旧的住房的分类研究中，发现之所以会形成现实中的城市居民居住区位的布局，其主要原因是住房的不断"过滤"。到了 20 世纪 60 年代，Lowry[②]对住房过滤现象作了更加深入的研究，Lowry 的主要贡献在于对住房过滤现象做了更深入的概念性的分析和阐释，他认为城市住房在其生命周期内使用价值、功能结构的变化是住房过滤的本质。过滤造成了住房供应结构的变化和层次，从而形成不同的住房等级。与之相对应的不同的收入阶层会选择不同等级的住房，使得住房等级和收入等级成为两

---

① Burgess, Ernest W. The Growth of the City: An Introduction Research Project [J]. The Trend of Population, 1925 (18).

② Loweryjras. Filtering and Housing Standard: A Conceptual Analysis [J]. Land Economics, 1960 (36).

个相互关联的方面。在前人的研究基础上，Gridgdby（1963）① 在对美国住宅市场的研究中，建立了第一个关于城市住房过滤的理论模型。在这个过滤模型的基础上，Sweeney（1974）② 进一步从相对固化静态的角度，提出了关于住房过滤的概念性框架结构。在充分考虑存量住房的因素及其在住房市场上的关键作用后，Ohls（1975）③ 建立了住房过滤的长期均衡模型，提出如何更有效实现住房过滤的均衡，他认为从政府想增加穷人住房消费，可以通过一定的政策设计，如实实在在的货币补贴政策提高住房消费能力，相比较直接为低收入阶层新建住房（因为低收入者还是买不起），这样的政策设计会更有效。在对一些城市的文化因素考察之后，Braid（1997）④ 发现一些有历史价值的老建筑的市场价值在不断递增，他认为住宅过滤的方向不是固定递减的，因此，他做了新的假设，一般情况下，住房过滤的方向是由高等级向低等级递减和折旧的，但是，在考虑了很多文化因素在内，住房过滤也存在随着时间的推移，住房市场价值由低向高过滤递增的情形。该模型可以用来解释现代大都市中普遍存在的旧房房价不断升值现象。

  国内关于住宅过滤理论的研究起步较晚。这是由于中国住房交易的市场化程度不高决定着住房过滤很慢。在城市中，住房制度是与我国经济发展形态相一致的，住房制度改革之前是计划经济形态下的福利性分配住房制度，在产权范围、交易条件等很多方面，住房制度对住房居住者都做出了严格的要求。住房市场发展非常不完善不充分，不存在商品性住房、住房出租和住房售出等市场行为，这就限制了住房的过滤，因而学界也就缺乏对于住宅过滤理论的研究。随着住房制度改革不断深入，住房市场发展越来越充分，对于住房问题和住房过滤的研究逐渐深

---

① 转引自尚教蔚《住房过滤理论在美国的应用及对我国住房保障的启示》，《中共福建省委党校学报》2013 年第 12 期。

② Sweeney J L. Quality, Commodity Hierarchies, and Housing Markets [J]. Econometrica, 1974（42）.

③ Anas A. and Richard J. A. The Chicago Prototype Housing Market Model with Tenure Choice and Its Policy Applications [J] Journal of Housing Research, 1994（1）.

④ Braid R M. Residential Spatial Growth with Perfect Foresight and Multiple Income Groups [J] Journal of Urban Economics, 1991（30）.

入。王来福（2004）①认为我国住房市场发展的障碍主要原因是我国住宅市场的过滤不顺畅，为了提高住房市场效率，应该改善中介服务质量，不断完善我国的住宅市场。赖华东、蔡靖方（2007）②对在我国的市场中适用住宅过滤模型的条件，并针对我国的城镇类型把住房过滤分成三种，并分别提出这三类住房的保障政策。杨之光、郑煜（2010）③开始采用住宅过滤模型进行实证研究，他们以杭州市作为案例城市，分析研究居民的收入状况，并基于实证研究提出了对不同收入的居民如何完善货币补贴、增强消费能力的政策建议。

二　人的需求层次与住房分层

马斯洛基于人的心理学理论，分析和阐释了人的行为变化的动机本源，认为人在不同条件下产生不同需要层次，这导致人的目标和行为发生变化。马斯洛认为，人在不同条件下，会有多种不同的需求，总体来看，有五个层次（见图3—1），由低到高排列，按满足的先后顺序分为低层次和高层次需求。人的条件发生变化，需求也会变化，一般是在满足了低层次的需求之后，会进一步产生更高层次的需求。

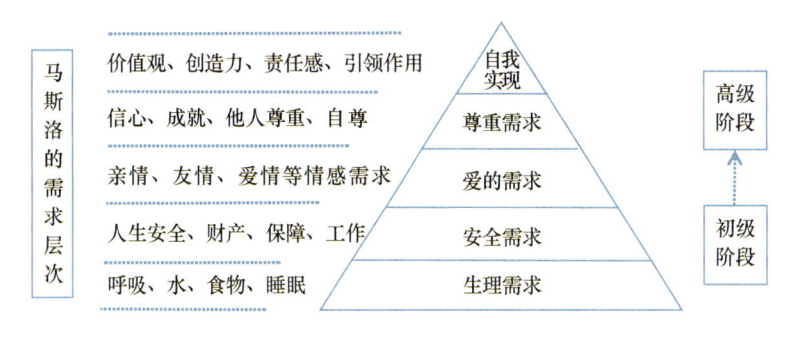

图3—1　马斯洛的需求层次

---

① 王来福：《我国住宅市场的过滤过程障碍及其影响》，《东北财经大学学报》2004年第3期。

② 赖华东、蔡靖方：《城市住房保障政策效果及其选择——基于住宅过滤模型的思考》，《经济评论》2007年第3期。

③ 杨之光、郑煌琦：《基于住房过滤理论的我国住房补贴政策研究》，《财政研究》2010年第7期。

马斯洛的需求层次理论已经被广泛应用到各种学科研究中，需求层次理论也常被学者们用在消费经济学上来解释消费者不同时期消费行为发生变化的动因。住房消费问题是消费经济学中的一个重点，马斯洛的需求层次理论也可以用来解释住房需求和消费者住房行为的变化。

在现代社会中，住房越来越显示出它的商品属性，成为一种特殊的消费品。根据马斯洛的需求层次和住房的功能和价值，可以把住房需求分为如图3—2的五个层次。

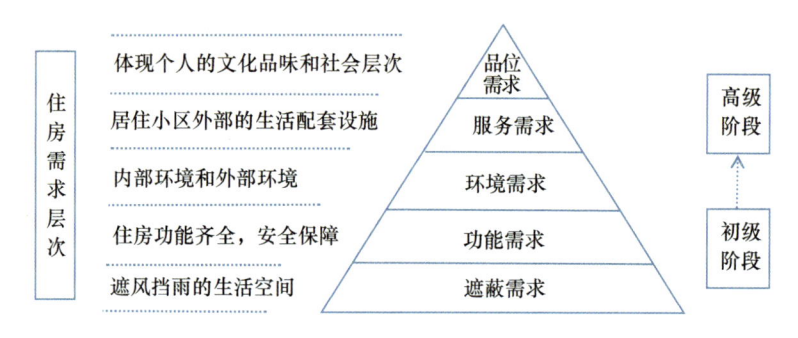

图3—2 住房需求的层次划分

住房需求的这五个层次呈现低级向高级阶段发展的特征，并与社会成员的收入层次的变化具有很大的关联性。社会成员从低到高的住房需求的实现要依赖于住房市场供给结构、供给方式和供给渠道以及居民的收入分配状况及可支付能力。

三 社会分层和住房梯度消费

马克思主义和韦伯主义是社会分层理论领域的代表理论学说体系。马克思将阶级视为一个真实存在的实体并采用单一标准进行划分，他的经典理论基石是经济基础决定上层建筑，马克思认为社会分层是基于经济基础，是经济范畴的概念。他用占有或不占有生产资料来解释和界定资本主义社会的社会阶层的划分及划分的形式。

在马克思基于经济基础定义社会阶层的基础上，韦伯更加细化地研究和构建了阶层划分的指标体系，包括财富、权力与声望等各因素在内。韦伯认为，作为一种资源，财富、权力和声望作为一种社会资源，具有先天固有的稀缺性，正因为这样的稀缺性，各个社会群体始终都会利用各种手段和条件追逐和占有这些资源，经济界追求财富，政治界追求权力，知识分子追求声望。结果是不同职业、阶层的社会成员会因为各种原因占有不同量的财富、权力和声望等资源，从而会因为占有资源的不同而具有不同的社会地位。韦伯把这些稀缺的社会资源分为经济、政治和社会三类，相对应于三类社会资源，就产生和事实存在着经济秩序、政治秩序和社会秩序三种不同的社会秩序。在现实社会的三种不同的秩序之下，对稀缺资源的追逐和占有可以用来解释社会成员个体存在和个体行为。在不同社会体制和环境中，每一个社会成员由于对资源占有的能力不同、占有的程度不同，所处社会位置也就不同，这样就形成了社会成员之间的阶层划分和阶级的区别。

在中国现代社会中，经济体制改革、政治体制改革和不断推进的现代化进程，使得阶层也发生了明显的结构性变化。学者们对中国社会的阶层划分有了很多研究。以陆学艺为主的"当代中国社会阶层研究报告"课题组提出中国社会阶层划分（见表3—1），陆学艺主要根据职业作为阶层分类的主要标准，不同社会阶层会因为各种因素占有不同量的组织资源、经济资源和文化资源，使得他们之间的利益认同也产生明显的差异。

表3—1　"当代中国社会阶层研究报告"对中国的阶层划分

阶层划分	人群	占比（%）
国家与社会管理者阶层	党政、事业和社会团体机关单位中行使实际的行政管理职权的领导干部	2.1
经理人员阶层	企业中非业主身份的高中层管理人员	1.5
私营企业主阶层	拥有一定数量的私人资本或固定资产并进行投资以获取利润的人	0.6
专业技术人员阶层	在各种经济成分的机构中专门从事各种专业性工作和科学技术工作的人员	5.1
办事人员阶层	协助部门负责人处理日常行政事务的专职办公人员	4.8

续表

阶层划分	人群	占比（%）
个体工商户阶层	拥有较少量私人资本（包括不动产）并投入生产、流通、服务业等经营活动或金融债券市场而且以此为生的人	4.2
商业服务人员阶层	在商业和服务行业中从事非专业性的、非体力的和体力的工作人员	12
产业工人阶层	在第二产业中从事体力、半体力劳动的生产工人、建筑业工人及相关人员	22.6
农业劳动者阶层	承包集体所有的耕地，以农（林、牧、渔）业为唯一或主要的职业，并以农（林、牧、渔）业为唯一收入来源或主要收入来源的农民	规模宏大
无业、失业和半失业人员阶层	无固定职业的劳动年龄人群	3.1

住房应该属于经济秩序领域，基于人的需求层次和阶层的划分前提，住房也就存在梯度分层消费。在住房消费上，社会阶层之间的差异反映主要表现在居民收入的不同差距，以及由此产生的居民可支付能力的差异性。基于不同收入状况产生的不同阶层的住房可支付能力差异导致住房条件改善的可能性和程度差别很大。一方面，不同阶层社会成员在住房市场上呈现出明显的层次性，收入较高者具有更高的可支付能力，有能力购置大面积住房和多处住房。另一方面，不同阶层社会成员也呈现出进入住房市场顺序性特征，由于不同阶层家庭的收入的差异性，每个社会成员及其家庭进入住房市场的时间上具有先后性，可支付能力强的先买房，中低收入者由于不具备足够的可支付能力而后买房。与这种差异性和顺序性特征紧密相连，住房消费市场上就呈现出梯度分层消费的模式，各阶层应在相应的消费能力和消费水平之下有效地进行消费和资源的利用。

表 3—2　　　　　　　　　　住房梯度消费

住房梯度消费的形式	具体表现
消费能力的梯度化	城市住房的消费主体是居住于城市的居民，一方面，城市居民的消费能力随着家庭收入、社会资源占有程度呈现梯度化的特征；另一方面，居民的住房消费呈现从低级化向高级化梯度发展的特征
空间分布的梯度化	在空间上，城市住房的价格分布呈现从中心城区向郊区依次递减的阶梯化特征；而供给则可能出现依次递增的特点
住房功能的梯度化	在住房消费市场上，消费者存在不同的消费偏好，对住房功能的要求是不同的，按照收入水平可以把消费者划分为由高至低的梯级层次，不同的消费等级对住房的功能和价位要求不同，住房功能呈现出梯级化
生命周期的梯度化	城市住房功能会随着时间的推移而老化和落后，随之住房的价值呈现阶梯式下降。住房的生命周期就是一个功能和价值呈现阶梯式下降的过程

四　集体消费

本质上来说集体消费是针对市场失灵而采取的应对措施。集体消费理论的代表学者是卡斯特，卡斯特认为消费资料被社会个体占有并消费和社会集体占有并消费两类。前者包括解决衣食住行问题的商品，可以在市场上自由购买的产品。后者包括交通、医疗、保障性住房等，这一类消费是一个社会为了维持社会个体生存下去开展生产活动并且能保持社会系统安全运行所不可缺少的消费，性质特殊，规模较大，针对的群体也很广泛，一般由特殊的机构集中组织、管理这类消费的分配和供给。

在自由竞争社会中，市场机制具有充分的效率，在追求效率的市场机制下，投入的目标集中在是否能产生利润和产生多少利润，而不是消费者的需求，因而，依靠市场机制的调节作用，纯粹的社会个体消费行为和过程可以达到帕累托最优状态。而社会集体消费品具有广谱性的特点，在很多情形之下，集体消费品更是一种不可分割的权益，投入的目标集中在产生社会效益。一般情况下，由于社会集体消费品面向广泛的社会成员，其扩大生产对资本投入的要求很高，需要广泛的大量投入，回报周期也比较长，不能快速应对市场机制要求并产生预期的巨大利润。集体消费品的市场价值无法正常实现，消费者与供给者之间的联系不会像市场机制下的个体消费品一样那么紧密，甚至是中断的。集体消费品的供给与需求之间必然呈现潜在分离状态，生产与消费之间处于矛盾状态，出现市场失灵，市场机制无法配置集体消费。针对集体消费市场失灵，政府必须要采取应对措施，承担起生产、供给和管理集体消费品的责任。

住房商品兼具私人消费的经济性和集体消费的社会性的特征。住房是一种特殊的商品，针对有能力支付与收入水平相当的住房的社会个体，住房是一个经济问题，供给与需求完全可以由市场机制调节。而对于中低及低收入群体，他们的收入水平无力通过市场解决住房困境，这就使得住房涉及社会的公平与和谐，成为社会问题，住房呈现出集体消费的特性。

从 1998 年开始，中国的住房制度改革已经经历 20 年，经历了从"实物分配"向"商品化"过渡的过程。在市场规律的自由竞争机制中，住房开发企业作为理性经济人，在追求效率的市场机制下，根据企业发展和市场需求导向，向市场投入资金实现住房生产，投入的目标是追逐利润最大化，市场机制具有充分的效率，从而实现住房作为个体消费品的合理配置。但是低收入社会成员的住房支付能力弱，他们按照市场机制根本无法解决住房问题，而只追求利润最大化的市场并不关心他们的需要，低收入社会阶层的基本住房需求无法实现，此时，市场失灵，政府的干预和调节显得非常必要。中国政府在进行住房市场化改革的同时，为了保证中低收入阶层的居住权益，相继出台了一系列的住房保障政策。经过 20 年的改革，目前在中国已经逐步形成住房市场分层结构和多层次、动态的住房保障供应体系，中国的住房商品呈现出集体消费的特性。

五　就业与居住均衡

霍华德在《明日的田园城市》中论述了一种关于独立社区的概念，初步表达了就业和居住相互临近、平衡发展的思想，这就是就业居住均衡的思想之源。就业和居住是城市的主要功能，因而在城市的土地规划方案中，就业区块和居住区块也是最为基本的功能性区域划分。一个理想中的"均衡的"社区，内部居住、就业和娱乐休闲等各种功能性单元划分应该合理，这使得理想中的"均衡的"社区能够独立存在，并实现内部居民自给自足。霍华德关于独立社区的概念和理想化的均衡社区思想经过沙里宁有机疏散和芒福德平衡理论的演绎，进一步得到了完善。后来，这种均衡的空间单元概念被很多学者放大至城市空间范畴。简单来讲，在一个空间区域中，就业岗位的数量和住宅单元的数量相当，这个空间区域就可以称之为均衡，一个区域就业居住关系越均衡，人们的通勤时间越短。就业—居住均衡可以使就业者在就业地就近居住，从而减少交通通勤量，进一步从根源上缓解交通压力。均衡区域内部交通通勤量的增加可以使得区域间交通通勤量减少，从而在缓解交通拥堵的同时，也在一定程度上减少了污染物的排放等环境问题。

第二节 住房正义经济学研究的框架

一 住房正义经济学研究的框架结构

根据"给每一个社会成员以住房的权利保证"的内涵，住房正义的跨学科研究从住房的需求侧和供给侧来展开研究，一方面通过居民家庭可支付能力考察需求方是否有能力实现住房的权利、在多大程度上实现了住房的权利；另一方面通过住房需求供给均衡性分析来考察供给侧是否能提供合理的足够的分层的住房产品，以满足城市中不同阶层消费者的差别性的消费需求选择。

按照这样的研究框架，本书选择三个核心指标，采用跨学科的分析方法，聚焦样本城市的实证研究，从作为需求侧的居民家庭的可支付能力和作为供给侧的政府、企业和市场的供给能力来探讨社会成员是否具有住房权利保证：（1）新建住房的住房可支付能力指数。通过测算不同收入阶层居民的住房支付能力，以衡量不同收入层次的居民对于分层次住房的可得性；（2）住房供给需求均衡性。通过考察住房市场需求和供给的均衡关系，考察住房供给是否能保证居民的住房基本权利的实

```
住房正义
  │
给每个社会成员以住房权利保证
  │
  ├──────────────────────────┐
作为需求侧的居民家庭          作为供给侧的政府、企业和市场
  │                              │
  ├─────────────┐              │
家庭可支付能力   交通负担因素和空间分析   需求与供给的适应性
  │             │                │
修正的住房可支付能力指数  交通和住房综合可支付能力指数   供需均衡性
```

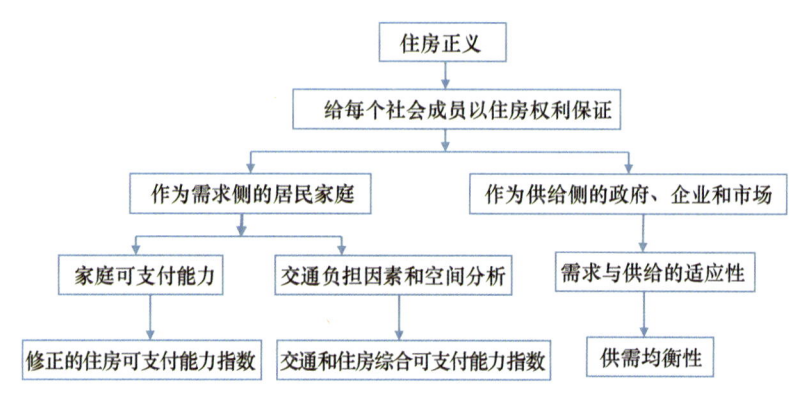

图3—3 住房正义跨学科分析的框架结构

现;(3)住房和交通综合性指数。把交通成本纳入居民住房综合负担的计算中,从新房、二手房、租房三个层面对居民的住房与交通综合负担进行实证研究,更加真实、准确地反映居住权利的实现程度。

第一,住房可支付性和修正的住房可支付性指数(MHAI)。住房可支付性,也称住房支付能力,是指社会成员及其家庭(一般以社会成员的家庭为衡量单位)是否具有与当期住房市场住房供给的价格相当的住房支出的能力。家庭消费开支、住房开发企业合理定价、政府制定社会保障、金融机构进行风险评估等各类住房市场参与者都开始依据住房可支付性(Housing Affordability)进行决策。传统的住房可支付性评价仅考虑房屋本身的成本,单纯通过计算住房成本在收入中所占比例的方法度量住房可支付性,无疑这样的计算方法是有很多局限性的,在现代城市发展中已经不能很好解释住房可支付性了。在研究中,采用剩余收入法的思想并对其进行改进,通过计算居民家庭的剩余收入与住房支出成本的比例关系来衡量居民家庭住房的支付能力,设计了修正的住房可支付性指数(Mended Houses Affordability Index,MHAI),通过构建扩展线性支出系统模型(Extended Linear Expenditure System,ELES)对居民家庭的最低生活成本进行计算。采用不同层次(以不同收入水平为分层标准)居民可支配收入减去最低生活成本后的余额(剩余收入)作为不同层次居民收入中可用于住房消费的最大份额,更加细致地对城市不

同收入水平的家庭进行住房可支付能力分析。本书中修正的住房可支付性指数被表示为居民家庭剩余收入与家庭住房成本之比。该指数越小，说明家庭可用于住房支出的剩余收入额越少，因而住房可支付性越差，住房负担越重；反之，该指数越大，说明家庭住房可支付性相对越强些，住房负担越轻。本书中修正的住房可支付性指数的四个核心指标概念是家庭收入、最低生活成本、分层标准住房及住房成本、剩余收入额。这里的家庭收入是官方发布的家庭可支配收入额。最低生活成本是居民家庭除了住房消费以外的其他生活成本。为了获得一定时期中居民住房可支付能力的最大值，本书假定居民的其他生活成本只为满足其家庭的基本生活需求。本书研究中结合住房市场所具有的梯度特性，提出了分层标准住房的概念，按照居民可支配收入进行分层分组，按照国家对住房的相关规定把住房按照面积分为三个层次，并假定低、中、高收入的家庭相应购买与收入相符的分层标准住房。住房成本是居民为了购买与其家庭剩余收入相匹配的分层标准住房每年付出的贷款额。剩余收入额是居民家庭可支配收入额与最低生活成本的差额。

第二，住房的供需均衡性。狭义的城市住房是在城市总体居住规划范围内，以居住为使用目的，由注册房地产开发企业或者是政府出资建造的，通过市场化或者半市场化方式出售、出租的房屋，一般具有区域性、商品性、居住性等特点。住房市场上，已经购买住房并具有住房产权的居民、注册具有资质的房地产开发企业以及政府，可以被认为是住房供给者。已经购买住房并具有住房产权的居民根据自身所持房产以及未来住房的需求，房地产开发企业根据企业发展目标和住房市场的需求方向，政府根据经济社会发展状况和国家政策的规定，作为住房供给者向住房市场提供功能、价格、等级等不同属性的住房产品。住房需求是指在一定时期内居民愿意并有能力购买或承租住宅的数量。它包括消费需求和投资需求两部分，本书中的住房需求是指居民的消费需求，不包括投资性需求。住房供给和住房需求具有梯度性、实际有效性、供需均衡性的特点。

第三，住房和交通综合可支付性指数（H & TAI）。为了更精确地反映居民家庭对住房的负担能力，在本章第六章的研究中考虑了居住区位所引致的交通成本，并把交通成本纳入居民住房综合负担的计算中，计算住房与交通综合可支付性指数（Housing and Transportation Affordability Index，H & TAI)[①]。住房成本和交通成本两项成本之和与居民家庭收入的比值，就是住房与交通综合可支付性指数。这个比值越大，说明居民家庭的住房成本和交通成本越大，关于住房的综合可支付能力越差，那么居民家庭实现住房权利的综合负担越重。H & TAI 中三个核心指标分别是住房成本、交通成本和家庭收入。住房成本主要是针对商品住房、二手房和租赁住房而言的，研究中以每月的月供（按照等额贷款模型计算）作为购买商品住房、二手房的家庭住房成本，以每月租金作为租赁住房的家庭住房成本。交通成本不仅指实际花费的货币成本，还包括了用于交通的时间成本，并将时间成本化为以货币为单位的成本，最后将这两部分成本汇总为统一的交通成本。限于数据可得性，本书只考虑通勤成本。家庭收入依然是采用官方发布的家庭可支配收入额。

二 修正的住房可支付能力指数

住房可支付能力指数是居民家庭排除基本生活成本之后的年剩余收入额与居民家庭实现住房权利的年支出额的比值，居民家庭实现住房权利的年支出额以用于标准住房消费年支出额来表征。住房可支付能力指数考察的是不同收入层次家庭对标准住房的可得性和住房权利的实现程度。

本书的研究中，对住房可支付能力指数进行了修正和创新，设计了修正的住房可支付性指数：一是设定一个居民家庭最低生活成本，通过构建扩展线性支出系统模型对居民家庭的最低生活成本进行计算。二是加入分层消费思想，采用不同层次（以不同收入水平为分层标准）居民可支配收入减去最低生活成本后的余额，即剩余收入额，作为不同层次居民家庭收入中可用于住房消费的最大份额，更加科学地对城市不同收入水平的家庭进行分层次住房可支付能力分析。三是引入分层"标准住房"概念，对不同收入规模家庭设计合理的住房消费规模，即分层"标准住房"。由于住房市场具有梯度消费的规律和特征，对不同收入

---

① 万膑莲、翟国方、何仲禹、范晨璟：《住房与交通可支付能力空间特征研究——以南京市为例》，《经济地理》2016 年 2 月 26 日。

的家庭实现住房权利都设定同一个标准住房，显然是有缺陷的。因而，本书根据国家关于住房的相关规定，把市场上的住房分为高、中、低三类，并设定一定收入的家庭在实现住房权利时选择相应类型的住房。

修正的住房可支付性指数越小，说明家庭可用于住房支出的剩余收入额越少，因而住房可支付能力越差，实现住房权利的负担越重；反之，该指数越大，说明家庭住房可支付性相对越强些，实现住房权利的负担越轻。

三 交通与住房综合可支付能力指数

现代社会中，城市蔓延、多中心化趋势和住区郊区化带来了居住和就业的分离，居住和就业的分离最直接的后果就是交通成本的增加。而交通拥堵问题又进一步增加了城市居民的通勤距离和时间成本。因而，在本书的研究中考虑了居住区位所引致的交通成本，并把交通成本纳入居民住房综合负担的计算中去，称其为交通与住房综合可支付性指数，该指数被表示为住房成本和交通成本两项成本之和与居民家庭收入的比值，这个比值越大，说明居民家庭的住房成本和交通成本越大，关于住房的综合可支付能力越差，那么居民家庭实现住房权利的综合负担越重。

四 均衡的供需结构

住房正义是给社会成员以住房权利保证，那么对于住房供给一方来说就应该针对社会成员不同层次的有效需求提供各种类型的住房，满足城市中不同收入层次居民家庭的差别性的消费需求选择，政府、企业和市场开发和提供的房型、大小、质地标准必须是多样性的，同时要与实际需求结构相适应，能满足城市中不同阶层消费者的差别性的消费需求选择，从而形成梯度需求结构与梯度供给结构相匹配的特征，否则就会出现不同层次的供需之间的断层，造成不同层次住房需求之间的挤压和倒灌，形成住房非正义现象。

对城市处于不同住房消费能力层次居民的住房有效需求和需求结构进行计算。采用官方统计数据计算南京市住房市场的实际供给结构。然后将住房有效需求及需求结构和实际的供给结构进行比对，从而得到南京住房市场需求结构和供给结构的均衡性分析结果，考察住房市场和当地政府是否能根据居民住房支付能力和住房实际需求提供相应的住房供给，分析住房供需结构的均衡性，从是否针对不同住房需求提供不同的住房供给这一角度来探讨住房正义问题。

第四章

居民住房可支付能力指数研究

从家庭剩余收入和分层"住房标准"两个方面对传统的住房可支付能力的概念和计算思路进行修正和优化，构建扩展消费模型，设计更加科学合理、能够反映不同层次家庭住房消费能力的住房可支付能力指数。以南京为实证研究案例城市，分别测算不同收入层次家庭的非住房消费支出、家庭剩余收入和分层"标准住房"下的住房消费支出，考证住房消费支出是否超出家庭剩余收入，从而得出居民家庭的住房可支付能力。通过识别和分析住房可支付能力指数及其变动趋势，加以判断家庭的住房承受能力水平、不同阶层居民住房可得性和住房权利的实现程度，并据此分析城市居民的住房正义。

第一节 住房可支付能力指数及其修正

一 传统的住房可支付能力及其局限性

住房可支付能力是在某种假定的标准之下，家庭住房消费支出与家庭收入之间的关系描述（一般以比率数值呈现）。基于社会价值判断、历史以及制度结构等因素，国内外很多学者研究住房可支付能力选用一个假定的标准（通常25%或30%），当居民的家庭收入总额中用于住房消费支出的部分超过这一标准，被认为是不可负担的，家庭可能面临着不足以支付住房消费的困境。

通过查阅大量的研究成果，发现大多数学者通常使用一定时期内住房市场的均价与家庭收入均值（家庭可支配收入的均值）的比率来衡量居民家庭是否具有住房可支付能力。这样的计算方法的好处是直观、简单，但是存在很大的缺陷和局限性，一是采用均值来计算，完全掩盖了住房供给与消费的梯度性,没有考虑到家庭的差异性和消费偏好因素;二是任何一个家庭不可能把全部的收入和财产用于住房消费之上,这是完全不符合实际情况的。

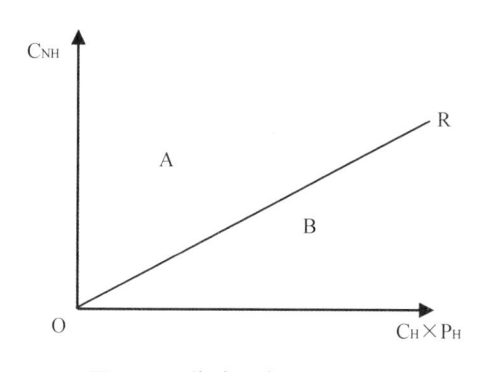

图4—1 传统住房可支付能力

图4—1中,$C_H \times P_H$是住房消费支出量,C_H为家庭住房面积,P_H为一定时期内住房市场的均价,C_{NH}为不包括住房消费在内的其他生活消费数量,其价格以当期市场上的某类商品或服务的平均价格为准。OR为基于社会价值判断、历史以及制度结构等因素而假定的家庭住房消费支出占家庭收入的标准比率线(如25%或者是30%)。在分析居民住房可支付能力时,当家庭的住房消费支出与其他生活必需品消费支出的组合落在B区域内,即家庭的消费组合达到$C_{NH} < [(1-r)/r] \times C_H P_H$状态,说明居民的家庭消费组合中,住房消费占总收入的比率小于假定的标准比率r,是具有住房支付能力的;如果家庭的住房消费支出与其他生活必需品消费支出的组合落在A区域内,说明居民的家庭消费组合中,住房消费占总收入的比率大于假定的标准比率r,那么这个家庭很可能不具有住房支付能力或者是支付能力较弱。

可见,用住房市场均价与城市家庭收入均值的比率衡量居民家庭是否具有住房可支付能力过于简单,不能有效反映出家庭住房消费的主观性和分层标准等问题,采用均值来计算的结果只能反映一个城市居民住房支付能力的一个整体水平,不能反映各个收入阶层的具体差异状况,这便违背了住房的分层消费的规律。一方面,低收入家庭为了降低住房消费支出，而偏向于选择住房条件较差（价格偏低）的住房，而高收入家庭一定会选择功能更完备的住房，如果以一个固定的均值来计算显然可能会高估低收入家庭的支付能力，或者低估高收入家庭的支付能力，不能真实反映居民家庭真实的住房支付能力。因此，考虑到家庭偏好因素和收入财政状况，应该设定"住房标准"，可以完善传统的以住房市场价格的均值来定义和计算住房支付能力。同时，还应对居民的家庭收入进行必要的分类。

二 住房可支付能力指数及其修正

本书运用剩余收入理论，完善住房可支付能力的概念和计算方法，对住房可支付能力指数进行修正。

1. 重视非住房消费

在采用剩余收入的思想来考察住房可支付能力时，是把居民收入划分为两大类：住房消费和其他生活成本消费，包括食物、衣服、交通、教育、医疗等在内的其他生活必需品的消费。理性家庭的住房消费支出既要强调适当的住房消费，又要强调包括食物、衣服、交通、教育、医疗等在内的其他生活必需品的合意消费。在不影响其中一类消费（比如基本生活必需的消费）的前提下的居民家庭剩余收入，就构成了居民家庭可用于另一类消费（住房消费）的最大份额。因此，在计算居民家庭的剩余收入可以有两种思路，一种是家庭可支配收入除去用于非住房的其他生活合意消费之后的剩余收入是否足够用来满足住房消费支出；另一种是家庭可支配收入中支付了家庭合意的住房消费支出之后的剩余收入是否能足够支撑其他生活合意消费。

两种思路都弥补了传统的住房可支付能力概念和计算方法的局限性，强调家庭的其他生活必需品消费和住房消费是同样重要的。本书采用居民的可支配收入减去最低生活成本后所得到的剩余收入额，作为居民可以用于住房消费的最大额的方法来分析居民住房可支付能力。

与房价收入比的方法相比，剩余收入思想在逻辑上更加合理，同时，用居民收入中可用于住房消费的最大份额的测算标准和方法解决了住房消费占收入比例方法无法测算的一个缺陷，即衡量和分析住房消费引致贫困的问题，在实际生活中，并不是所有的家庭都有能力扩展住房消费和非住房消费的，很多家庭如果不考虑除住房消费以外的其他生活必需的消费而只以住房消费与家庭收入总额的比率来判断住房购买能力，会因为住房消费而陷入实际贫困的状态。从居民家庭的剩余收入的角度来分析，可以分层次比较科学合理地判断居民家庭可以承受的住房消费的范围，居民家庭可以据此预测是否存在由于住房消费而导致家庭陷入贫困的可能性，具有理论上的优点，同时也给决策者提供了经验上的优势。

2. 引入"住房标准"

引入一定的"住房标准"，按照这样的"住房标准"（转化成货币标准）参与可支付能力的核算，可以完善传统的以住房市场一定期限内的均价定义和计算居民可支付能力的概念和方法。在设定的"住房标准"之下，如果居民的家庭住房消费成本没有超出家庭收入的一定比率，可以认为这样的家庭具有住房支付能力，既能在数量上实现居住面积的充足性，又能在质量上符合居民家庭的消费偏好和品质要求。

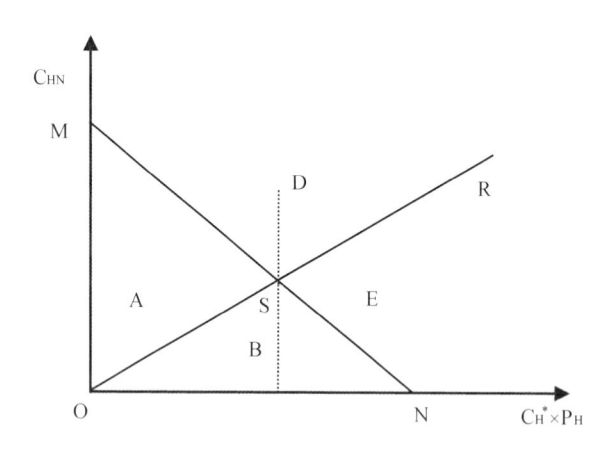

图4—2 引入一定"住房标准"的住房可支付能力

在一定时期内，家庭的消费受到家庭收入的约束。假设在一定时期内家庭收入是固定的，家庭总收入全部用于住房消费与非住房消费，形成消费组合之间的关系如图4—2所示。其中MN为一定期间家庭收入固定约束线，C_H^*为适当的"住房标准"。在S处家庭收入约束和住消费达到均衡，S 是一个均衡点，在这里居民的家庭住房消费成本没有超出家庭收入的一定比率 r_b，即 $C_{NH} < [(1-r_b)/r_b] \times C_H^* P_H$，此时的家庭消费组合不仅能达到数量上（居住面积）的充足性，又能在质量上符合居民家庭的消费偏好和品质要求。此时可以认为这样的家庭具有良好的住房支付能力。

3. 分层"标准住房"

在计算居民的剩余收入时，如果假设所有的居民所购买的住房是标准的，用统一的"标准住房"来"一刀切"居民的住房消费支出，没有梯度特性，这就使得利用剩余收入计算居民住房可支付能力的方法具有了一定的局限性。因为受限于家庭的收入状况和消费偏好等因素，实际生活中不同层次的家庭会根据自身情况选择购买与自己实力相当的住房，假定所有的家庭都购买同一标准的住房是不科学的。因此，考虑到家庭偏好因素和收入财政状况，应该针对不同层次设定不同的"住房标准"，假设不同收入的居民家庭，按照分层"住房标准"购买住房，产生的住房消费支出与本层次家庭收入的比值来衡量居民家庭是否具有住房可支付能力，可以进一步完善住房支付能力的定义和计算方法。

基于此，本书在计算居民住房可支付能力指数时，提出两点假设和修正：

第一，基于住房梯度消费理论引入分层"标准住房"代替统一"标准住房"。

由于住房市场上具有梯度消费的规律和特征，对不同阶层的消费者都设定一个标准的"标准住房"的概念具有很明显的缺陷，因为其掩盖了住房的梯度消费和梯度供给的特性。前文中提到 Landt 和 Bray (1993) 已经开始研究对待不同的家庭条件区分住房标准，而不应使用统一的住房标准，Landt 和 Bray 认为家庭人口规模是一个很重要的指标，住房标准应该针对不同人口数有所不同，一个家庭人员少，住房标准低一些，人员多，住房标准高一些。但是，住房消费梯度的根本原因是基于居民收入的消费能力的梯度特征，而不是家庭人口规模，所以只以家庭人口规模的不同来划分住房标准是不科学的。

本书的研究在使用剩余收入界定住房可支付能力时，按照可支配收入对居民分层分组，以当年的居民可支配收入为依据，把居民按照收入额的多少从低到高分为七个（2005—2012年）和五个（2013—2015年）层次。并根据面积指标把住房分为不同的类别（三类），并假定特定收入的家庭购买特定种类的住房，按照分层"标准住房"来衡量和分析不同收入状况的家庭的住房承受能力。

对于分层"标准住房"确定，主要依据的是南京市保障性住房的相关规定、"国八条"中我国政府对各类住房及其标准的相关规定（表4—1）。

表4—1　　　　　　　　分层"标准住房"及划分的依据

分层"标准住房"	划分的依据	所面向的社会成员分层	分层"标准住房"的面积（m²）
经济适用房或小户型商品住房	南京经济适用房供应政策	低收入家庭	60
普通商品住房	九部委"国六条"中的相关规定	中等收入家庭（包括中等偏下、中等、中等偏上收入家庭）	90
高端商品住房	"国八条"中在全国层面上对高端商品住房的界定；南京市参照"国八条"的精神，拟定的南京市高端住房的相关标准	高收入家庭	144

南京市经济适用房政策有明确的规定，经济适用房主要针对低收入家庭（家庭人均月收入在750元以下），建筑面积控制在60平方米左右。根据此规定确定居民家庭收入分组中的低收入户的分层"标准住房"类型为小户型商品住房，面积为60平方米。在原建设部等七部委颁发的"国八条"中对高端住房有明确的数量化表述，即套型面积在120平方米以上。南京市参照"国八条"的精神，拟定套型面积在144平方米以上为高端住房的标准。据此，我们确定南京市城市居民高收入家庭和最高收入家庭的分层"标准住房"为建筑面积为144平方米的高

端住房。高端住房以外的商品住房为普通商品住房，主要面向中等收入群体。中等收入群体包括中等偏下收入户、中等收入户和中等偏上收入户，大约涵盖了60%的社会人群。九部委"国六条"为了在土地资源稀缺的前提下引导一种合理的住房消费模式，规定城市住房规划建设中应有比例不得低于70%的普通商品住房，建筑面积应在90平方米以下，这一比例正好是针对大约60%的中等收入群体的。因此，我们设定中等收入家庭的分层标准住房为普通商品住房，建筑面积为90平方米。

第二，假设一个相对固定的最低生活成本"标准"消费。

在采用剩余收入思想考察住房可支付能力时，是把居民的消费划分为两大类：住房消费和包括食物、衣服、交通、教育、医疗等在内的其他生活必需的消费，通过考察这两者的消费组合情况来分析住房支付能力。对于现代家庭来讲，合理的住房支付能力既要强调适当的住房消费，又要强调其他方面基本生活消费的合意。

目前学界对合意的非住房消费支出的标准尚无定论，同时限于数据资料的可得性，在本书研究中，假设一个相对固定的最低生活成本"标准"消费，作为合意的非住房消费支出。为了获得一定时期居民住房可支付能力的最大值，假设居民的除住房消费以外的其他生活成本只为满足其基本需求，是居民为了维持最基本的生活水平的消费支出。这里所涉及的其他生活必需消费及相关数据主要参照统计部门官方统计口径中的八种消费及支出，官方统计口径中的八种消费支出额是根据一定时期内居民某一类消费额的平均值，这就可能会牺牲掉一部分居民家庭用于住房消费的支出（当居民家庭的其他生活必需消费低于官方统计口径中的消费支出额），或者是牺牲一部分用于其他生活消费的支出，来支撑基于分层"住房标准"的住房消费能力的测算。

如图4—3所示，图轴$O-C_H \times P_H$为住房消费，OC_{NH}轴为非住房消费。住房的最低消费位于点$C_H^* \times P_H$（$Q_H^* \times P_H$是根据分层"住房标准"而计算的家庭住房消费）。而非住房消费的最低消费位于点C_{NH}^*（C_{NH}^*为根据统计部门官方统计口径商品的市场价格和居民消费平均值而核算的一个相对固定的其他生活成本"标准"消费——最低生活成本）。MN为一定时期内家庭收入约束线。很显然，家庭收入经过非住

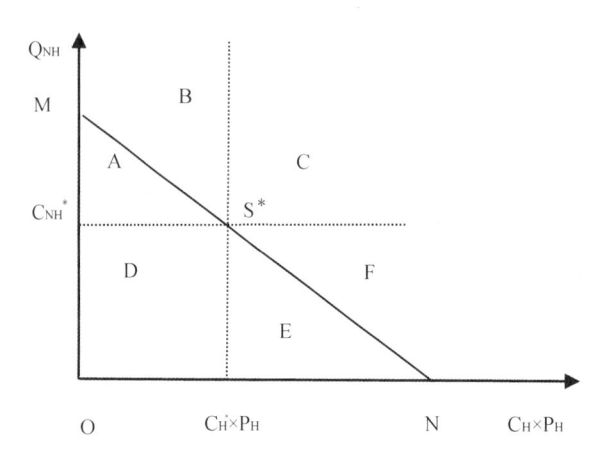

图 4—3 假设最低生活成本的住房可支付能力

房消费、住房消费分配后,消费组合落在 A、D、E 区域的家庭住房消费承受能力较低或者是不具有住房支付能力:消费组合位于 D 区域内的家庭,不论是住房消费还是非住房的生活基本消费都显得不足;消费组合落在 E 区域内的家庭,可能会首先选择把家庭收入用于扩展住房消费,但是在满足住房消费后可能将导致其他生活消费不足,生活水平下降,甚至可能引致贫困。消费组合落在 B、C、F 区域的家庭具有住房支付能力:其中 B、F 区表示在满足一种基本需求后可以扩展另一种需求的支出,C 区则表示既能满足非住房、住房基本需求,而且还可以同时扩展两种需求。

4. 优化后的住房可支付能力指数

假设居民家庭年收入减去非住房消费支出(这个支出是建立在一个相对固定的其他生活成本"标准"消费——最低生活成本的假设基础上)后的剩余收入,可以全部用于住房消费,则剩余收入额的大小就决定了居民住房可支付能力。修正后的住房可支付能力指数就是居民家庭年剩余收入额与购买相应分层次"标准住房"年均承担额(以购买"标准住房"年均抵押贷款本利偿还额来表示)的比值,比值越大,说明居民家庭年剩余收入额就越大,住房可支付能力较强,比值小,则说明居民家庭的住房可支付能力较弱。

三 修正的住房可支付能力指数的测算

1. 居民最低生活消费成本（居民非住房消费支出）的测定

如果我们假定在一定时期，居民的消费需求都是由基本需求和扩展需求两个部分组成。基本需求是指满足居民基本的生活需要的消费支出，即居民最低生活消费成本，这一部分支出与居民的收入的增加和减少无关，主要是由一定时期内市场上某一类商品和服务的价格决定的；扩展需求是指别除居民家庭基本需求支出或者在家庭收入增长的情况下，用这一部分剩余收入或者收入增长额可以满足的消费，居民的扩展需求量受到满足所有基本需求后的剩余收入额和每一个层次的居民的消费偏好等因素的影响。

在此假定条件下，我们建立扩展支出系统模型来研究居民住房可支付能力指数。

假设一定时期内居民产生 n 类消费支出，则某一类商品的消费支出可以用线性支出系统模型表示：

$$V_i = P_i X_i + \beta_i (Y - \sum_{k=1}^{n} P_i X_i) \qquad (4-1)$$

式中：V_i——居民对某一类（i）消费品的消费支出额；

P_i——当期第 i 类消费品的市场价格；

$P_i X_i$——某一类（i）消费需求量；

β_i——某一类（i）消费的边际消费倾向；

Y——户均可支配收入

$i = 1, 2, \cdots, n$

$\sum_{k=1}^{n} P_i X_i$ 为家庭在一定时期内非住房基本消费总支出，Y 反映居民家庭收入水平，$Y - \sum_{k=1}^{n} P_i X_i$ 则是家庭在满足基本非住房需求的消费支出后产生的剩余收入，可以用于扩展其他需求。这部分收入会按照家庭的消费偏好和消费倾向，以一定比例 β_i 扩展某一类或者是几类消费上。参数 β_i 满足 $0 < \beta_i < 1$。

采用统计数据进行计算时，模型中的 $P_i X_i$ 是一个常量（以当期某

一层次的居民家庭满足某一类消费需求的消费支出表示），令

$$b_i = P_i X_i - \beta_i \sum_{k=1}^{n} P_i X_i \qquad (4-2)$$

则，模型可化简为：

$$V_i = b_i + \beta_i Y \qquad (4-3)$$

对 4—2 式两边求和整理得：

$$\sum_{k=1}^{n} P_i X_i = \frac{\sum_{k=1}^{n} b_i}{(1 - \sum_{k=1}^{n} \beta_i)} \qquad (4-4)$$

将 4—4 式代入 4—2 式得某一类基本消费需求量为，

$$P_i X_i = b_i + \frac{\beta_i \sum_{k=1}^{n} b_i}{(1 - \sum_{k=1}^{n} \beta_i)} \qquad (4-5)$$

城市居民人均基本消费总需求：

$$V_0 = \sum_{k=1}^{n} P_i X_i \qquad (4-6)$$

人均非住房消费基本支出为：

$$C_{nh} = V_0 - V_3 \qquad (4-7)$$

式中，C_{nh} ——人均非住房消费基本支出；

V_0 ——人均消费总需求；

V_3 ——人均居住消费需求。

2. 修正的住房可支付能力指数 MHAI 的测算

采用扩展线性支出系统得出城市居民非住房消费基本生活支出，然后以家庭可支配收入减去非住房消费支出得出城市居民家庭户均剩余收入。

户均剩余收入为：

$$HRI = Y - C_{nh} \times \varepsilon \qquad (4-8)$$

式中：Y ——家庭可支配收入（年）；

C_{nh} ——城市居民人均非住房消费基本生活开支；

ε ——不同层次的家庭人数；

则，住房可支付能力指数为：

$$MHAI = \frac{HRI}{PMT} \times 100\% \quad (4—9)$$

式中：HRI ——户均家庭剩余收入（年）；

PMT ——抵押贷款本利偿还额（年均）；

$$PMT = Hprice \times (1 - \theta) \times IR \times \frac{(1 + \frac{IR}{12})^{12}}{(1 + \frac{IR}{12})^{12} - 1} \quad (4—10)$$

式中：$Hprice$ ——分层的"标准住房"的价格；

θ ——住房抵押贷款成数；

n ——住房贷款年限；

IR ——住房贷款利率（人民银行公布的官方数据）。

住房商品是典型的资金密集型消费品，具有价值巨大的重要特征，而居民手中的存款总是有限的，这决定了多数人不可能一次性支付全部购房款项。在现阶段大多数消费者常常通过借贷的手段，用购买的住房作抵押物从金融机构贷款，实现提前消费。2005—2015 年，按照我国的住房政策规定，一般金融机构给予房价总额的 70% 或 80% 的住房按揭贷款，贷款期限在 5—20 年，特殊条件最多不超过 30 年。本文在下面的研究中为了统一起见，假设居民家庭购买住房按照首付三成进行贷款，也就是说贷款总额为购房总额的 70%；贷款利率为 2015 年度金融机构人民币贷款 5 年以上基准利率。还款方式按等额本金还款法。

第二节 南京居民住房可支付能力指数测算

本节以南京为例，采集 2015 年的相关数据，按照上述的方法，计算得出家庭户均可以用于住房消费的最大支出额，与家庭年均住房消费贷款还贷额（假设按照相对应层次的住房标准购买）相比，测度 2015 年南京城市居民住房可支付能力指数，揭示各类家庭住房承受能力的水平。

一 居民分层说明和基础数据的来源

实证研究中所用到的数据来源于南京市统计局提供的官方统计资料。家庭基本消费支出调查数据包括八个项目：食品支出（C_1）、衣着支出（C_2）、居住支出（C_3）、家庭设备用品及服务支出（C_4）、医疗保健支出（C_5）、交通和通信支出（C_6）、教育文化娱乐服务支出（C_7）、其他商品和服务支出（C_8）。家庭年收入（Y）为相应的分层的家庭年可支配收入数据。（下文中不再注解说明）

正如前文所述，不论是从分层消费的理论上分析，还是从采集的实证数据的考证中，我们都可以发现居民收入层次不同，各项消费表现出一定的差异性和明显的层次性。基于此，在本节的研究中对居民家庭按照收入多少进行合理的划分层次，以反映不同收入层次家庭非住房消费支出的层次性、差异性。划分的标准和依据是2015年南京统计资料中的家庭可支配收入。2015年南京统计资料中将居民家庭按照可支配收入由低到高划分为五个层次：低、中等偏下、中等、中等偏上、高。各收入层次的人均可支配收入分别为22542元、33881元、41892元、54230元、87896元。本书也采用这样的分层标准对南京居民进行分组测算讨论住房可支付能力指数。

二 南京居民家庭非住房消费支出

根据《南京统计年鉴（2016年）》的资料，南京市城市居民家庭消费支出共八个项目（表4—2）。

表4—2　　　　南京城市居民家庭人均消费和可支配收入情况（2015年）　　　（单位：元）

指标	低收入	中等偏下收入	中等收入	中等偏上收入	高收入
C_1	8975	11252	11211	12537	16199
C_2	2434	1799	2644	4165	6858
C_3	1127	2131	1764	2566	2371
C_4	1900	2356	2512	3192	6334

续表

指标	低收入	中等偏下收入	中等收入	中等偏上收入	高收入
C_5	1667	1843	2189	3029	4760
C_6	2706	1902	8698	5644	12469
C_7	3411	4006	6498	9012	12662
C_8	950	630	872	1451	3600
Y	22542	33881	41892	54230	87896

注：1. $C_1 - C_8$ 所代表的消费支出分别是：食品支出（C_1）、衣着支出（C_2）、居住支出（C_3）、家庭设备用品及服务支出（C_4）、医疗保健支出（C_5）、交通和通信支出（C_6）、教育文化娱乐服务支出（C_7）、其他商品和服务支出（C_8）。家庭年收入（Y）。2015 年南京统计资料中将居民家庭按照可支配收入由低到高划分为五个层次：低收入、中等偏下收入、中等收入、中等偏上收入、高收入。表格中为相应的分层的家庭各项消费支出和年可支配收入数据。

2. 数据来源：《南京统计年鉴 2016》。

利用统计软件 EView 对时间序列上的南京城市居民家庭人均消费和可支配收入的数据进行分析，建立序列（变量）之间的统计关系式，并对 2015 年南京城市居民各项消费 ELES 模型的各项参数假设检验进行估值（表 4—3）。

表 4—3　南京城市居民各项消费 ELES 模型的各项参数（2015 年）

消费类别	Y	T 值	常数项	T 值	F	R^2
C_1	0.105	10.9	7001.883	13.75	118.86	0.9754
C_2	0.077	5.65	-137.875	-0.19	31.89	0.914
C_3	0.016	1.72	1224.219	2.48	2.95	0.9021
C_4	0.069	7.64	-71.171	-0.15	58.41	0.8701
C_5	0.050	12.19	293.298	1.35	148.56	0.9802
C_6	0.151	3.04	-1000.148	-0.38	9.21	0.7544
C_7	0.149	8.73	-53.311	-0.06	76.26	0.9622
C_8	0.045	4.57	-671.247	-1.28	20.92	0.8746

注：1. $C_1 - C_8$ 所代表的消费支出同前。

2. 数据来源：《南京统计年鉴 2016》。

2015 年南京城市居民可支配收入前的系数均为正值，R^2 值检验模型的拟合度较好。F 值检验模型显著。通过假设检验，可以得出结论：居民家庭的可支配收入的增加是居民消费支出的重要影响因素，南京居民家庭的各项消费支出随着家庭可支配收入的增长都有所增加。

根据计量模型各参数估计值，可以计算出模型各估计值（表4—4）：

表4—4　　　　南京城市居民 ELES 模型估计值（2015 年）

消费类别	b_i	边际消费倾向	基本消费需求
C_1	7001.883	0.105	9046.780
C_2	-137.875	0.077	1372.715
C_3	1224.219	0.016	1536.090
C_4	-71.171	0.069	1281.812
C_5	293.298	0.050	1270.178
C_6	-1000.148	0.151	1959.354
C_7	-53.311	0.149	2860.344
C_8	-671.247	0.045	211.184

注：1. $C_1 - C_8$ 所代表的消费支出同前。
　　2. 数据来源：《南京统计年鉴2016》。

从 2015 年的各项消费支出看，南京市城市居民家庭更倾向于把家庭收入的增加部分消费于交通支出、通信支出、教育支出、文化娱乐服务支出（见表4—3）。南京市城市居民更愿意将收入增加部分更多地用于改善交通条件、提高教育文化娱乐水平和交往通信支出，之后才会将剩余收入用于居住消费。

根据以上计量模型的估计值，代入式4—6、式4—7 中，得到不同收入家庭的非住房消费支出（C_{nh}）和户均剩余收入额（HRI），如表4—5 所示：

表 4—5　不同收入层次的家庭户均住房最大消费支出计算（2015 年）

项目	低收入 （20%）	中等偏下 （20%）	中等收入 （20%）	中等偏上收入 （20%）	高收入 （20%）
平均每户家庭人口（人）	2.82	2.61	2.59	2.52	2.61
人均可支配收入（元）	22542	33881	41892	54230	87896
人均无住房消费基本生活支出（元）	18002.37	18002.37	18002.37	18002.37	18002.37
人均剩余收入（元）	4539.63	15878.63	23889.63	36227.63	69893.63
户均剩余收入（元）	12801.76	41443.23	61874.15	91293.63	182422.38

三　南京居民住房可支付能力指数

根据以上计量模型所得出的不同收入家庭的非住房消费支出（C_{nh}）、年户均剩余收入额（HRI）以及年均住房消费贷款还贷额（PMT），代入式 4—10 中，可以计算出南京各层次居民住房可支付能力指数值，如表 4—6 所示：

表 4—6　南京各层次居民住房可支付能力指数（2015 年）

组别	$\sum_{k=1}^{n} P_i X_i$	C_{nh}	$Y - C_{nh} \times \varepsilon$	PMT	$MHAI$
1	18256.65	18002.37	12801.76	17306.11	0.73
2	18256.65	18002.37	41443.23	81148.19	0.51
3	18256.65	18002.37	61874.15	81148.19	0.76
4	18256.65	18002.37	91293.63	81148.19	1.12
5	18256.65	18002.37	182422.38	122260.82	1.49

注：1. 根据 2015 年南京统计资料中将居民家庭按照可支配收入由低到高划分对居民进行分层分组，表格中的 1、2、3、4、5 分别对应低、中等偏下、中等、中等偏上、高五个收入层次。各组的人均可支配收入分别为 22542 元、33881 元、41892 元、54230 元、87896 元。

2. 本书研究中假设了一个相对固定的其他生活成本"标准"消费，为了获得一定时期内居民住房可支付能力的最大值，假设居民的其他生活成本只为满足其基本需求，是居民为了维持最基本的生活水平的消费支出。

3. 中等收入阶层的标准住房面积为 90m²，故 2、3、4 组分别对应中等偏下收入户、中等收入户、中等偏上收入户组的 PMT 值均为 81148.19 元。

通过对2015年南京市居民住房消费可支付能力指数的测算可知：（1）在所有5个组别中的家庭中没有出现户均剩余收入为负值（这将导致MHAI值为负数）的情况，这表明南京的家庭基本上都能在满足基本生活消费支出之外，都还具不同水平的住房消费的能力。（2）低收入户、中等偏下收入户、中等收入户这三个组，虽然其对应的MHAI值大于0，但是分布在0.5107—0.7625之间，这表明这三个收入层次的家庭住房承受能力和水平程度较低，这三个组别的居民如果把家庭剩余收入用作住房消费支出，购买与本层次相对应的"标准住房"，会造成一定程度的家庭贫困现象。（3）对于中等偏上收入层次、高收入层次的家庭，其对应的MHAI值均大于1，表明这些家庭在满足非住房消费支出之外，还可以扩展其他消费需求，具有较强的扩展住房消费的能力，完全可以承担与本层次相对应的"标准住房"消费支出，而不至于入不敷出，造成贫困。

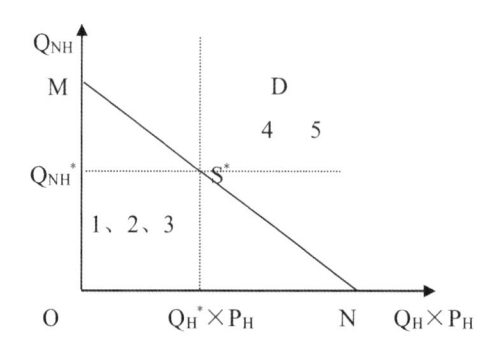

图4—4　南京市2015年居民住房可支付能力指数分组说明

注：1. 图轴$O-Q_H \times P_H$为住房消费，$O-Q_{NH}$轴为非住房消费。住房的最低消费位于点$Q_H^* \times P_H$（$Q_H^* \times P_H$是根据不同收入状况而确定的不同等级家庭"标准"住房消费）。而非住房消费的最低消费位于点Q_{NH}^*（Q_{NH}^*为根据商品的市场价格而假设的一个相对固定的其他生活成本"标准"消费——最低生活成本）。MN为一定期限内假定的家庭收入曲线。可以看出，家庭收入经过非住房、住房消费分配后，消费组合落在图中不同区域内的家庭具有不同的组合消费能力和住房支付能力。

图 4—4 中的 1、2、3、4、5 组分别对应低、中等偏下、中等、中等偏上、高五个收入层次，他们的家庭住房可支付能力分别在不同的区域里，表明他们的住房可支付能力的不同。1、2、3 组的家庭在满足基本生活需求之后，剩余收入不足以支付住房消费，存在因为购买住房而引起家庭贫困的可能性。针对这样的低收入家庭，政府应予以补贴满足其正常的住房消费。4、5 组消费组合区域（D 区域）的家庭可以同时扩展两种需求，既能满足非住房、住房基本需求。

第三节 南京市居民住房可支付能力趋势

为了更加连贯、直观和科学地分析和研究南京居民住房可支付能力，本节按照上述的 ELES 模型和剩余收入思想，采集 2005—2015 年的相关数据，对 2005—2015 年南京城市居民住房可支付能力指数进行连续性的测度，揭示居民家庭住房可支付能力的变化趋势。

一 数据及居民分层分组说明

测算 2005—2015 年南京居民家庭非住房消费支出、剩余收入及可支付能力指数时用到的数据依然来源于南京市统计局提供的官方统计资料。

对于居民的分组，2005—2015 年的分组依据依然是各收入层次的人均可支配收入。但是有两点需要特别说明：一是南京统计局官方统计资料中对居民家庭可支配收入分组情况在 2013 年发生变化的说明。2005—2012 年的南京统计资料，根据可支配收入把居民家庭按照由低到高划分为七个层次，分别对应为最低收入，低收入，中等偏下，中等收入，中等偏上，高收入，最高收入，相对应，下文对居民家庭的分组分层为 1—7 组。而 2013—2015 年的统计资料中将居民家庭按照可支配收入由低到高划分为五个层次：低收入、中等偏下收入、中等收入、中等偏上收入、高收入。相对应，在文中的分组分层为 1—5 分别对应低收入组、中等偏下收入组、中等收入组、中等偏上收入组、高收入组。虽然出现组别和组数的差别，但是，两个阶段的组别划分其实是有一定连贯性的，2005—2012年按照城市居民人均可支配收入划分的七个组别中"最低收入组"划入2013—2015年的"低收入组"中；2005—2012年按照城市居民人均可支配收入划分的七个组别中"高收入组"和"最高收入组"合并为2013—2015年的分组中"高收入组"。因而，这样的分组分层是具有连续性的，这就保证了本书对2005—2015年南京居民可支付能力指数测算的可行性和科学性。二是2005—2012年按照城市居民人均可支配收入划分的七个组别中"最低收入组"的说明。通过计算发现，"最低收入组"的居民的家庭剩余收入为负值，这说明，这一组别家庭的收入是不足以支撑家庭住房消费的，对于市场上的商品住房他们是没有支付能力，他们的住房问题只能通过政策性路径解决。同时为了保证研究的一贯性（2013—2015年的统计资料中已经把这一组并入低收入组），在整个研究过程中，没有把这一组专门列出。因此，本节的分析和研究中依然采用当年的居民家庭可支配收入作为分层标准对南京居民进行分层，2013年之前分为6个组，2013—2015年分为5个组分别测算和讨论他们住房可支付能力指数，并连续考察2005—2015年变化趋势。

二 南京居民住房可支付能力指数变化

1. 南京居民住房可支付能力指数计算

继续使用上一节中的ELES线性支出系统计量模型，根据2005—2015年各年度的相关数据，计算得出各个年份不同收入家庭的非住房消费支出（C_{nh}）、年户均剩余收入额（HRI）以及年均住房消费贷款还贷额（PMT），代入式4—10中，可以计算出2005—2015年南京各层次居民住房可支付能力指数值，如表4—7所示。

2. 2005—2015年南京居民住房可支付能力分析

为了更加直观地考察2005—2015年南京居民的住房可支付能力指数的变化趋势，这里把上一节中计算出的2005—2015年南京各层次居民住房可支付能力指数值放到坐标图中进行分析。

表4—7 2005—2015年南京各层次居民住房可支付能力指数

年份	组别	$\sum_{k=1}^{n} P_i X_i$	C_{nh}	$Y - C_{nh} \times \varepsilon$	PMT	MHAI
2005	1	4495.228	4446.27	-1267.13	4488.98	-0.28
	2			6966.70	4488.98	1.55
	3			14072.31	16130.71	0.87
	4			24846.12	16130.71	1.54
	5			39158.08	16130.71	2.42
	6			52752.49	39809.18	1.32
	7			84790.01	39809.18	2.12
2006	1	6335.024	6019.56	-1570.30	4943.03	-0.31
	2			6150.47	4943.03	1.24
	3			15901.14	17734.29	0.89
	4			25955.42	17734.29	1.46
	5			40710.52	17734.29	2.29
	6			57691.35	48374.82	1.19
	7			97691.61	48374.82	2.01
2007	1	6764.096	6158.73	-1105.49	5371.99	-0.20
	2			8014.19	5371.99	1.49
	3			19394.69	22039.22	0.88
	4			30607.38	22039.22	1.38
	5			46310.84	22039.22	2.10
	6			68672.43	58377.47	1.17
	7			121742.43	58377.47	2.08
2008	1	7647.324	6974.68	2285.89	5399.37	0.42
	2			7946.74	5399.37	1.47
	3			22827.89	24120.84	0.94
	4			34227.31	24120.84	1.41
	5			53213.48	24120.84	2.21
	6			75758.95	69345.85	1.09
	7			124702.66	69345.85	1.79

续表

年份	组别	$\sum_{k=1}^{n} P_i X_i$	C_{nh}	$Y - C_{nh} \times \varepsilon$	PMT	MHAI
2009	1	6126.576	5626.92	3392.84	6975.55	0.48
	2			12902.38	6975.55	1.84
	3			30679.36	28625.74	1.07
	4			43483.54	28625.74	1.51
	5			64667.46	28625.74	1.25
	6			94491.77	64345.85	1.46
	7			138048.09	64345.85	2.14
2010	1	8608.338	8141.09	3597.77	7345.00	0.48
	2			11332.46	7345.00	1.53
	3			28274.35	38317.39	0.73
	4			41272.09	38317.39	1.07
	5			67292.97	38317.39	1.75
	6			97266.74	79315.41	1.22
	7			149259.32	79315.41	1.88
2011	1	10543.925	9928.68	4249.03	15657.22	0.27
	2			12505.98	15657.22	0.79
	3			32474.46	64558.43	0.50
	4			51599.13	64558.43	0.79
	5			75360.87	64558.43	1.16
	6			106032.09	108249.21	0.97
	7			162805.74	108249.21	1.50
2012	1	12002.116	11121.09	8047.32	20693.18	0.38
	2			17441.16	20693.18	0.84
	3			38673.12	60977.77	0.63
	4			55353.76	60977.77	0.91
	5			82413.56	60977.77	1.35
	6			112022.81	99716.81	1.12
	7			174789.38	99716.81	1.75

续表

年份	组别	$\sum_{k=1}^{n} P_i X_i$	C_{nh}	$Y - C_{nh} \times \varepsilon$	PMT	MHAI
2013	1	13410.881	12371.13	18218.19	22442.75	0.81
	2			42050.66	68649.84	0.61
	3			63201.92	68649.84	0.92
	4			86891.79	68649.84	1.26
	5			164758.53	102756.35	1.60
2014	1	16394.464	15144.88	15644.54	20994.07	0.74
	2			41854.14	75645.45	0.55
	3			59685.23	75645.45	0.78
	4			90124.59	75645.45	1.19
	5			169789.75	127444.43	1.33
2015	1	18002.37	18002.37	12801.76	17306.10	0.73
	2			41443.23	81148.19	0.51
	3			61874.15	81148.19	0.76
	4			91293.63	81148.19	1.12
	5			182422.38	122260.82	1.49

注：1. 表格中的数据是根据各年度的《南京统计年鉴》提供的基础数据资料计算得来。

2. 南京统计局公布的《南京统计年鉴》中2005—2012年南京统计资料中将居民家庭按照可支配收入由低到高划分为七个层次，分别对应为最低、低、中等偏下、中等、中等偏上、高、最高。表格中2005—2012年的分层1—7分别对应最低、低、中等偏下、中等、中等偏上、高、最高七个层次。而2013—2015年的统计资料中将居民家庭按照可支配收入由低到高划分为五个层次：低、中等偏下、中等、中等偏上、高。分层1—5分别对应低、中等偏下、中等、中等偏上、高五个层次。虽然出现组别和组数的差别，但是，两个阶段的组别划分其实是有一定连贯性的，2005—2012年按照城市居民人均可支配收入划分的七个组别中"最低收入组"划入2013—2015年的"低收入组"中；2005—2012年按照城市居民人均可支配收入划分的七个组别中"高收入组"和"最高收入组"合并为2013—2015年的"高收入组"。因而，这样的分组分层是具有连续性的，这就保证了本书连续考察2005—2015年南京居民可支付能力指数的可行性和科学性。

3. 研究中假设了一个相对固定的其他生活成本"标准"消费，为了获得一定时期居民住房可支付能力的最大值，假设居民的其他生活成本只为满足其基本需求，是居民为了维持最基本的生活水平的消费支出。

4. 书中对分层次的"标准住房"做了三个层次的划分：低收入阶层的标准住房面积为$60m^2$，中等收入阶层的标准住房面积为$90m^2$，高收入阶层的标准住房面积为$144m^2$，故2005—2012年的分组中1、2组，3、4、5组，6、7组的PMT值是一样的；2013—2015年的分组中2、3、4组的PMT值是一样的。

图 4—5 中的（1）（2）（3）显示，2005—2007 年的南京各层次居民住房可支付能力相近：

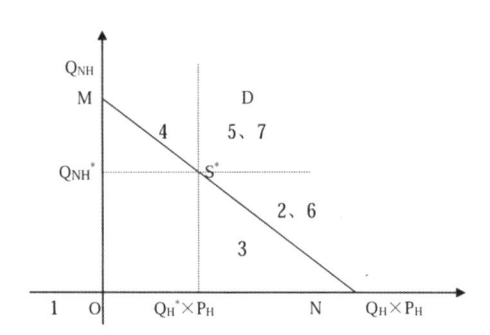

（1）南京市 2005 年居住房可支付能力分组说明

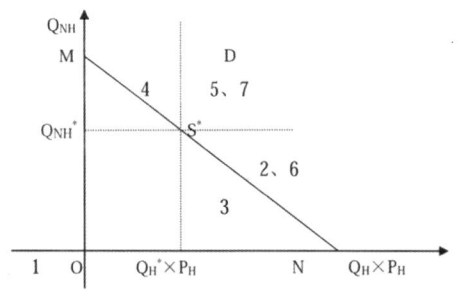

（2）南京市 2006 年居住房可支付能力分组说明

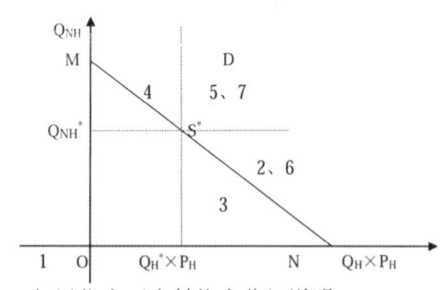

（3）南京市 2007 年居住房可支付能力分组说明

图 4—5　南京市 2005—2007 年居民住房可支付能力分组说明

注：图中的 1、2、3、4、5、6、7 组分别对应从最低、低、中等偏下、中等、中等偏上、高、最高七个收入层次，他们的家庭住房可支付能力分别在不同的区域里，表明他们的住房可支付能力的不同。

通过图解显示：(1) 1组的家庭收入在支付了基本生活需求之后的剩余收入为负值，说明这一部分家庭的收入已不足以满足其基本生活消费，更无从谈起住房消费。(2) 3组的家庭在满足基本生活需求之后，剩余收入以支付住房消费，也就是说家庭在实现住房消费后，结果将导致非住房消费不足，住房消费扩大可能引起家庭陷入贫困，针对这样的低收入家庭，政府应予以补贴满足其正常的住房消费。(3) 2、4、6组区消费组合区域的家庭具有住房支付能力，在满足一种基本需求后可以扩展另一种需求的支出。(4) 5、7组的住房支付能力指数落在了D区域，这表示中等偏上收入组和最高收入组的居民既能满足非住房、住房基本需求，而且还可以同时扩展两种需求。

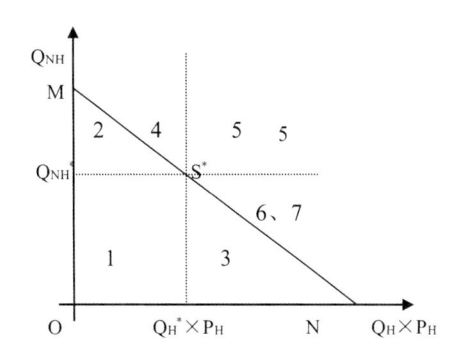

图 4—6　南京市2008年居民住房可支付能力分组说明

注：图中的1、2、3、4、5、6、7组分别对应从最低到最高七个收入层次，他们的家庭住房可支付能力分别在不同的区域里，表明他们的住房可支付能力的不同。

图4—6显示的2008年的情况与2005年、2006年、2007年的情况发生了变化：(1) 1组的最低收入组居民随着收入的增加，可支付能力状况得到改善，不再为负值，说明他们的收入在满足基本生活需求之后，剩余收入不足以支付住房消费，也就是说家庭在实现住房消费后，结果将导致非住房消费不足，住房消费扩大可能引起家庭陷入贫困，针对这样的低收入家庭，政府应予以补贴满足其正常的住房消费。(2) 2组的低收入组居民尽管家庭年均可支配收入的绝对值不是

很高,但是,由于他们相对应的"标准住房"面积较小,并且可以享受政府的住房保障津贴或者购买经济适用住房,这一层次的居民家庭的可支付能力反而很高。(3) 3 组的中等偏下收入组家庭的住房可支付能力处于临界值,在满足一种基本需求后不可以扩展另一种需求的支出。(4) 4、6、7 组的居民家庭具有较好的住房支付能力,在满足一种基本需求后可以扩展另一种需求的支出。(5) 5 组的中等偏上收入家庭,住房可支付能力最强,既能满足非住房、住房基本需求,而且还可以同时扩展两种需求。

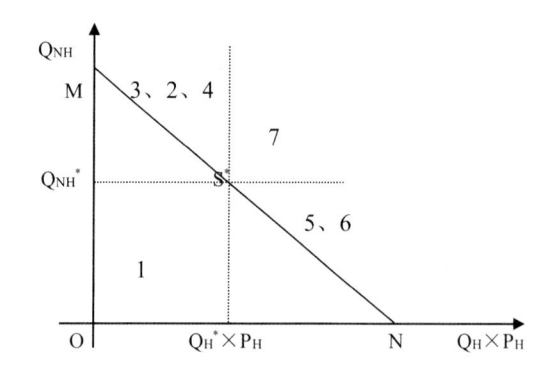

图 4—7 南京市 2009 年居民住房可支付能力分组说明

注:图中的 1、2、3、4、5、6、7 组分别对应最低、低、中等偏下、中等、中等偏上、高、最高七个收入层次,他们的家庭住房可支付能力分别在不同的区域里,表明他们的住房可支付能力的不同。

图 4—7 显示的 2009 年的情况与 2008 年相比,情况发生了一些变化:(1) 1 组的最低收入组居民随着收入的增加,可支付能力状况继续得到改善,他们的收入已经可以承担基本生活需求,但是在满足基本生活需求之后,剩余收入依然不足以支付住房消费。(2) 2 组的低收入组居民可支付能力依然很高。(3) 3 组的中等偏下收入组家庭的住房可支付能力明显得到改善,达到了 1.0717,说明这一层次的家庭在满足一种基本需求后可以扩展另一种需求的支出。(4) 4、5、6 组

的居民家庭依然具有较好的住房支付能力,在满足一种基本需求后可以扩展另一种需求的支出。(5) 7 组的最高收入家庭,住房可支付能力最强,既能满足非住房、住房基本需求,而且还可以同时扩展两种需求。

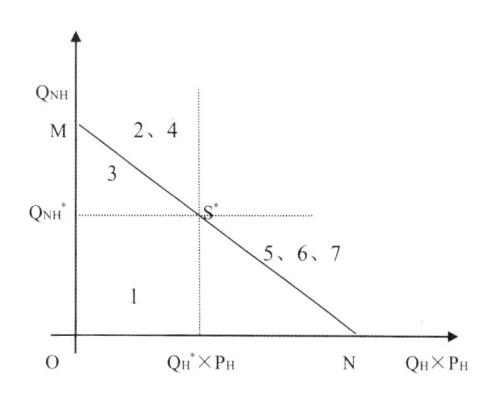

图 4—8　南京市 2010 年居民住房可支付能力分组说明

注:图中的 1、2、3、4、5、6、7 组分别对应最低、低、中等偏下、中等、中等偏上、高、最高七个收入层次,他们的家庭住房可支付能力分别在不同的区域里,表明他们的住房可支付能力的不同。

图 4—8 显示的 2010 年的情况:(1) 1 组的最低收入组的居民家庭收入可以承担基本生活需求,但是依然不能承受购买相应住房,在满足基本生活需求之后,剩余收入依然不足以支付住房消费。(2) 2 组的低收入组居民可支付能力比上一年略有下降,但是依然可以在满足基本生活需求之后扩展住房需求。(3) 3 组的中等偏下收入组家庭的住房可支付能力在 2010 年下降,只有 0.7378,表明这一层次的家庭在满足一种基本需求后不可以扩展另一种需求的支出。(4) 4、5、6 组的居民家庭依然具有较好的住房支付能力,在满足一种基本需求后可以扩展另一种需求的支出。(5) 7 组的最高收入家庭,住房可支付能力最强,但相比 2009 年有所下降。

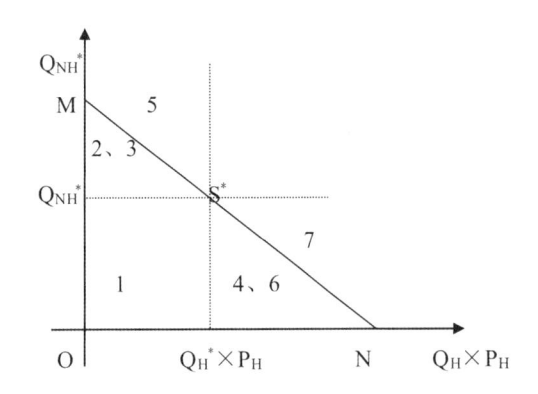

图4—9 南京市2011年居民住房可支付能力分组说明

注：图中的1、2、3、4、5、6、7组分别对应最低、低、中等偏下、中等、中等偏上、高、最高七个收入层次，他们的家庭住房可支付能力分别在不同的区域里，表明他们的住房可支付能力的不同。

2011年的情况见图4—9显示，变化最大的是2组的低收入居民家庭的可支付能力。具体的情况：（1）1组的最低收入组的居民的住房可支付能力指数在2011年下降到0.2713，这一层次居民家庭收入在承担基本生活需求之后，基本无法扩展其他的消费需求了。（2）2组的低收入组居民可支付能力继续下降，只有0.7987，在满足基本生活需求之后不再能够扩展住房需求。其中主要的原因与政府的经济适用房政策和住房保障政策的变动有关，这一层次的居民家庭要用剩余收入参与住房市场购买相应的"标准住房"，对于低收入组居民家庭显得不可承受。（3）3组、4组的中等偏下收入组家庭和中等收入家庭的住房可支付能力指数都在1以下，分别为0.5031、0.7992，表明这两个层次的家庭在满足一种基本需求后不可以扩展另一种需求的支出。（4）6组的居民家庭在满足一种基本需求后可以承受扩展住房需求的支出。（5）7组的最高收入家庭，住房可支付能力最强，但相比2010年有所下降。

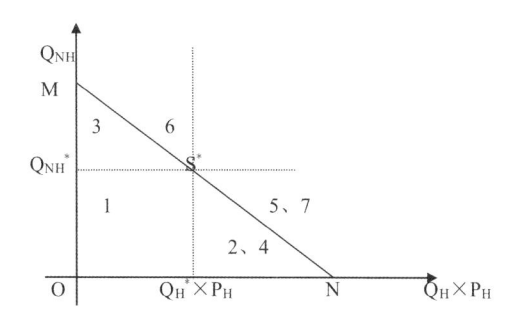

图 4—10 南京市 2012 年居民住房可支付能力分组说明

注：图中的 1、2、3、4、5、6、7 组分别对应最低、低、中等偏下、中等、中等偏上、高、最高七个收入层次，他们的家庭住房可支付能力分别在不同的区域里，表明他们的住房可支付能力的不同。

与 2011 年以及之前的各年情况相比，2012 年的住房可支付能力表现出两极分化的特点，即出现低者持续低，高者持续高的趋势和特点，低收入家庭的住房支付能力越来越低，高收入家庭的可支付能力一直较高趋势，如图 4—10 所示：（1）1 组的最低收入组的居民的住房可支付能力指数为 0.3889，这一层次居民家庭收入依然无法通过市场行为扩展其他的消费需求了。（2）2 组、3 组、4 组的低收入组家庭、中等偏下收入组家庭和中等收入家庭的住房可支付能力指数都在 1 以下，分别为 0.8428、0.6342、0.9077。低收入组家庭、中等偏下收入组家庭这两层次的家庭在满足一种基本需求后，如果继续扩展住房需求，可能要承受一定的压力；中等收入家庭的可支付能力有了明显改善，住房可支付能力指数趋近于 1，可以扩展住房需求。（3）6 组的高收入组居民家庭和 7 组的最高收入家庭，住房可支付能力最强，在满足基本生活需求后可以扩展住房需求。

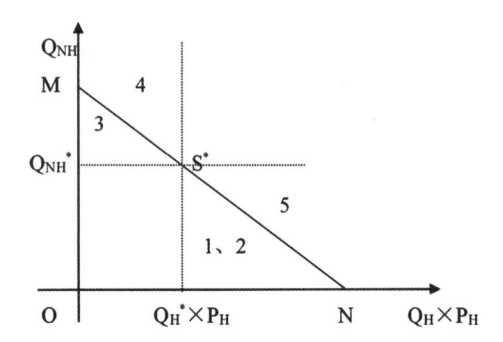

(1) 南京市 2013 年居住房可支付能力分组说明

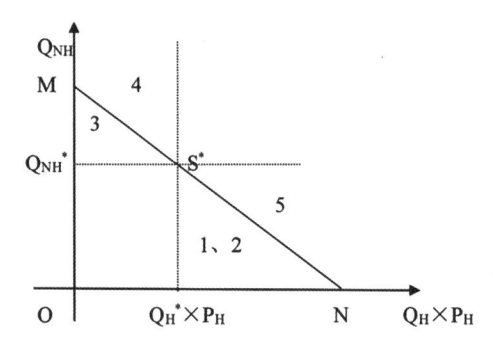

(2) 南京市 2014 年居住房可支付能力分组说明

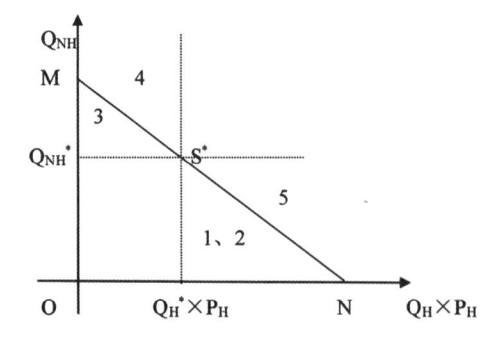

(3) 南京市 2015 年居住房可支付能力分组说明

图 4—11　南京市 2013—2015 年居民住房可支付能力分组说明

注：图中的 1、2、3、4、5 组分别对应五个收入层次，他们的家庭住房可支付能力分别在不同的区域里，表明他们的住房可支付能力的不同。

从图4—11中可以看出,2013—2015年南京居民住房可支付能力分组出现组别和组数的变化,2013—2015年的南京官方统计资料中将居民家庭按照可支配收入由低到高划分为五个层次,分组1—5分别对应这五个层次。这里1—5组别划分和2013年之前的1—7组别划分是有一定连贯性的,2005—2012年按照城市居民人均可支配收入划分的七个组别中"最低收入组"划入2013—2015年的"低收入组"中;2005—2012年按照城市居民人均可支配收入划分的七个组别中"高收入组"和"最高收入组"合并为2013—2015年的"高收入组"。

从图4—11(1)(2)(3)中可以看出,2013—2015年的南京居民住房可支付能力依然保持着低收入家庭和高收入家庭在可支付能力上的两极分化的特点和趋势。具体分析:(1)2013—2015年,1组的低收入组的居民的住房可支付能力指数有了很大的改善,分别为0.8117、0.7452和0.7397,表明这一层次居民家庭收入可以通过市场行为扩展住房消费需求了。(2)2组的中等偏下收入组家庭的住房可支付能力指数分别为0.6125、0.5532、0.7397,中等偏下收入组家庭在满足基本生活需求后,扩展住房需求可能要承受一定的压力。(3)3组的中等收入家庭的3年的住房可支付能力指数虽然都在1以下,分别为0.9206、0.7891、0.7624,2013年的住房可支付能力指数趋近于1,可以扩展住房需求。(4)4组的中等偏上收入居民家庭和5组的高收入家庭,住房可支付能力比较强,在满足基本生活需求后可以继续扩展住房需求。

三 南京居民住房可支付能力趋势分析

在分析2005—2015年每一个年度的南京居民住房可支付能力的基础上,本节继续从整体上分析2005—2015年的变化趋势(表4—8和图4—12)。

表 4—8　　2005—2015 年南京居民住房可支付能力指数 MHAI

年份	低收入	中等偏下收入	中等收入	中等偏上收入	高收入
2005	1.55	0.87	1.54	2.42	1.72
2006	1.24	0.89	1.46	2.29	1.61
2007	1.49	0.88	1.38	2.10	1.63
2008	1.47	0.94	1.41	2.20	1.44
2009	1.84	1.07	1.51	1.25	1.81
2010	1.53	0.73	1.07	1.75	1.55
2011	0.79	0.50	0.79	1.16	1.24
2012	0.84	0.63	0.91	1.35	1.43
2013	0.81	0.61	0.92	1.26	1.60
2014	0.74	0.55	0.78	1.19	1.33
2015	0.73	0.51	0.76	1.12	1.49

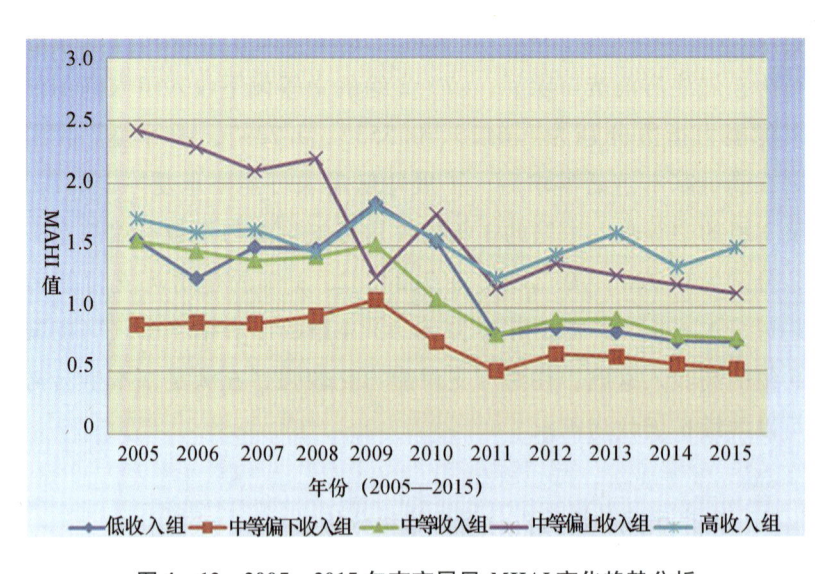

图 4—12　2005—2015 年南京居民 MHAI 变化趋势分析

2005—2015 年（图 4—12 和图 4—13），从总体上来看，南京居民的住房可支付能力是在逐渐下降的。其中中等偏下收入层次的居民的住房支付能力一直处于很低的水平。

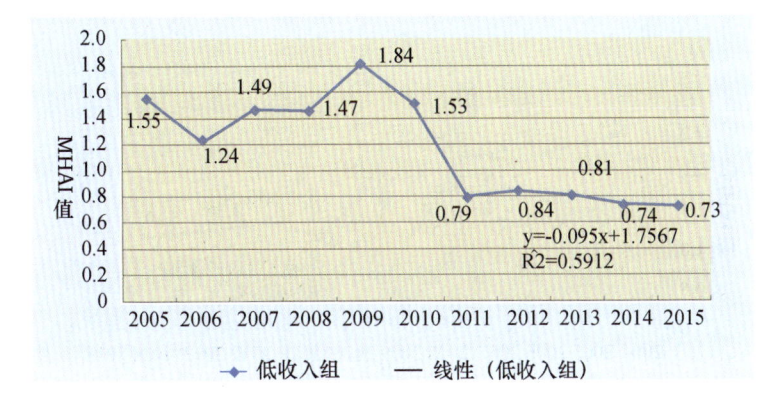

(1) 低收入层居民分层 MHAI 变化趋势

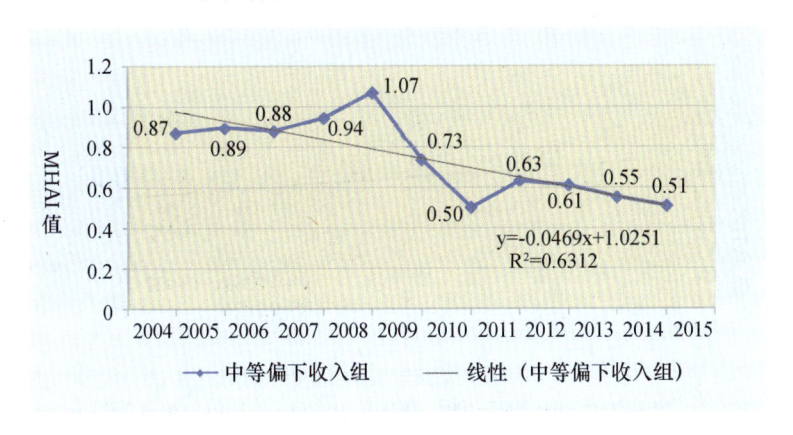

(2) 中等偏下收入层居民分层 MHAI 变化趋势

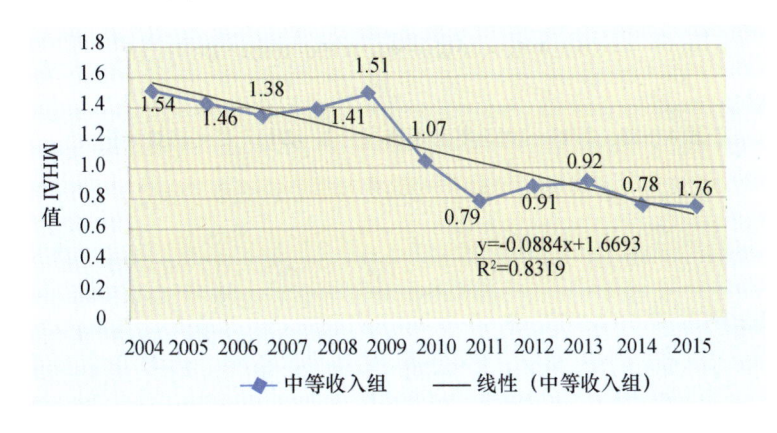

(3) 中等收入层居民分层 MHAI 变化趋势

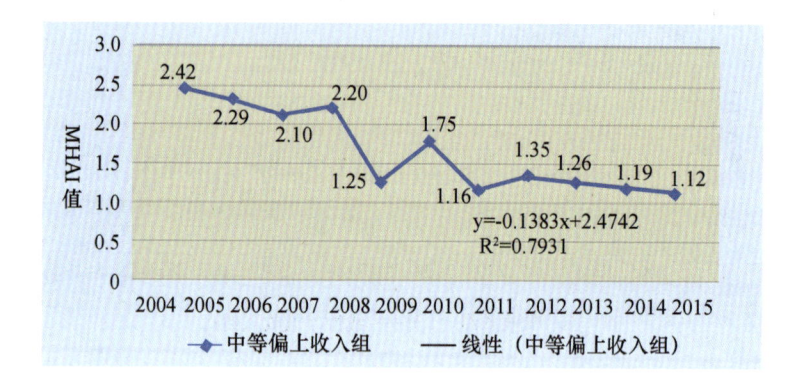

（4）中等偏上收入层居民分层 MHAI 变化趋势

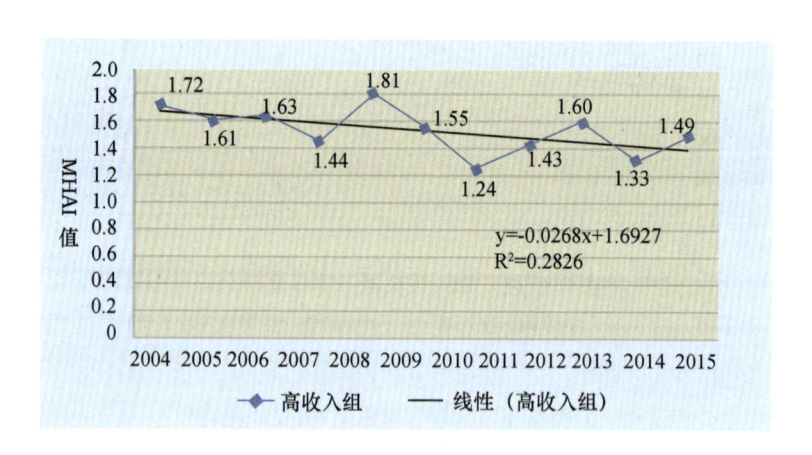

（5）高收入层居民分层 MHAI 变化趋势

图 4—13　2005—2015 年南京居民分层 MHAI 变化趋势分析

第五章

住房供需结构研究

住房正义是给社会成员以住房权利保证,那么对于住房供给一方来说就应该针对社会成员的有效需求提供各种类型的住房,满足城市中不同收入层次居民家庭的差别性的消费需求选择,否则就会出现不同层次的供需之间的断层,造成不同层次住房需求之间的挤压和倒灌,形成住房非正义现象。本章继续采用更具逻辑性的剩余收入的思想,通过构建消费支出模型衡量不同层次居民的各项非住房生活消费支出,假设居民家庭年收入总额减去各项非住房生活消费支出的剩余收入可以全部用于住房消费支出,以此判断不同收入阶层居民可承受的最高住房消费支出额。依据居民可承受的最高住房消费支出额计算住房实际需求及结构,与实际的住房供给结构进行供给需求的均衡性分析,查看南京的住房市场是否针对不同需求提供不同的住房供给,从而保证居民家庭住房权利的实现,从这一角度来探讨住房正义问题。

第一节 城市住房的梯度配置和供需结构

一 住房的梯度配置

城市住房梯度配置包含消费和供给两个方面。住房需求是指在一定时期内居民家庭愿意并有能力购买或承租住房的数量。它是一种市场现象,也是一种住房消费模式,一定时期内的住房需求会形成一定的消费观念,科学理性的住房消费是居民家庭合理地根据自身消费水平选择与之相适应的住房消费模式。住房市场上,住房供给包括三个层面,已经购买住房并具有住房产权的居民、注册具有资质的房地产开发企业以及政府，是住房供给者。已经购买住房并具有住房产权的居民根据自身所持房产以及未来住房的需求和偏好，房地产开发企业根据企业发展目标和住房市场的需求方向，政府根据经济社会发展状况和国家政策的规定，作为住房供给者向住房市场提供功能、价格、等级等不同属性的住房产品。

社会个体所占有的资源是不同的，居民家庭的收入是分层次的，家庭住房需求偏好也不同；而住房供给者向住房市场提供的住房产品具有不同属性，因而住房供给和住房需求都具有梯度性、实际有效性、供需均衡性的特点。在市场机制、经济发展阶段、国家政策等各种力量的不断博弈过程中，城市住房配置体系一方面在市场机制的作用下不断适应住房市场需求，另一方面也可以通过政策等因素从供给方通过不断调整供给结构，调节居民家庭的消费行为，促进住房市场达到供需均衡。

二　城市住房市场有效需求和住房梯度需求结构

一定时期的市场需求由消费意愿和支付能力两个要素构成，消费意愿是基础条件，支付能力是支撑条件，两个不可或缺。基于这样两个不可或缺的条件，需求包括有效需求和潜在需求。对于住房市场需求，同样必须有消费意愿和支付能力这两个构成要素，当某一特定时期内城市居民有购买住房意愿，而且按照某一价格水平具有支付能力，这时的住房需求才有可能转化为有效需求。

住房需求的有效实现取决于消费能力，支付能力的不同决定了消费能力从低到高分为不同层次，不同的住房消费能力决定着不同的住房需求。不同层次的住房梯度消费划分为住房梯度消费能力和住房梯度消费需求（见图5—1）。

虽然居民家庭最终实际选择以怎样的方式实现自己的住房需求并不完全由住房消费能力决定，还存在诸如通勤时间、配套完善、交通便利、周边环境及家庭偏好等各种因素，这些因素会促使住房消费能力比较高的居民家庭最终实现了低一级的实际住房需求。

在居民家庭可支付能力支撑下的住房有效需求转化为实际住房需求时，才能对住房市场及规律变动产生影响，所以基于居民家庭不同收入

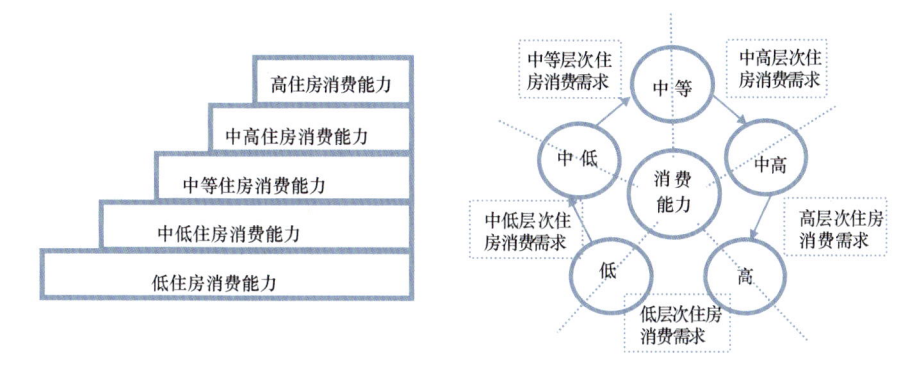

图 5—1 梯度住房消费能力和梯度消费需求

规模和非住房消费支出等约束性条件，考察和区分一定时期内居民家庭不同住房支付能力，计算某类住房有效需求的比例，对一定时期内市场上的住房需求进行细分，统计在特定预算约束条件下，各类住房的有效需求量占全部住房有效需求总量的比例，并分析各层次家庭户数分布、住房需求分布特征，就形成了一定时期一定区域内的住房市场的梯度需求结构。

住房市场的梯度需求结构的计算公式为：

$$Q_i = \frac{D_i}{(\Sigma D_i)} \quad (5—1)$$

式中：Q_i——一定时期内某一类住房有效需求占比；

D_i——一定时期内某一层次居民家庭住房有效需求量；

ΣD_i——一定时期内居民家庭各类住房有效需求总量。

三 城市住房梯度供给结构

相对于需求结构，城市住房梯度配置体系还存在梯度供给结构。住房的新建、更替作为住房市场的驱动因素，贯穿于整个城市住房市场和住房的全生命周期，与住房需求变化有着密切的关系。梯度供给结构反映住房供给状况，反映住房供给市场中住宅的差别供应的市场现象，以及与住房梯度消费市场之间的作用关系。针对一定时期（通常以一年为一个周期）的住房市场进行划分，住房供给包括增量供给（新竣工的住房）和存量供给（已经投入市场可供居住的住房）两部分，住房的增量市场和存量市场都是住房市场的重要组成部分。增量住房的供给决定着住房市场上存量住房结构,分析研究增量住房内部的结构关系更为重要,同时也考虑到存量住房资料的可得性。本章的住房供给结构主要考察增量住房结构。

一定时期内,住房市场某类住房供应量占全部住房供应量的比重构成了住房供给结构。其公式为:

$$W_i = \frac{S_i}{\sum S_i} \qquad (5—2)$$

式中:W_i——一定时期内某类住房增量供应比例;

S_i——一定时期内某类住房增量供应量;

$\sum S_i$——一定时期内全部增量住房供应量。

我国住房制度改革以来,已逐步建立起以市场为基础的商品化住房供给体系,并呈现出一定程度的以不同的家庭收入状况为划分标准的梯度特征(图5—2)。

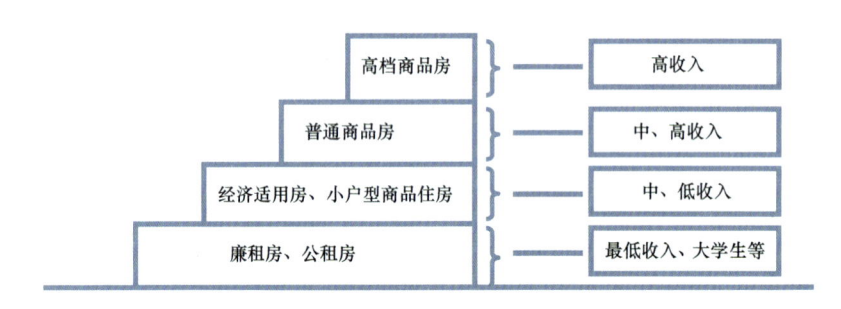

图5—2 我国梯度住房供给体系

我国目前的住房供给结构主要分为四个层次:廉租住房(公租房)、经济适用住房(很多城市经济适用房政策在2010年已经暂停执行)或者是小户型商品住房、普通商品住房、高档商品住房。在这一个住房梯度供给结构体系中,各类住房的功能与性质、资金来源与供给主体、面向的需求人群、所受到的政府调控政策干预程度和价格管理等方面都有所不同(表5—1)。

表 5—1　　　　　　　　　　中国住房供给体系

住房供给类型	功能与性质	供给主体	影响因素	需求人群	政府干预
廉租房、公租房	社会保障职能	政府提供建设资金和房源，公共财政的专项资金，部分具备条件的单位	最低收入家庭的数量	最低收入家庭其他需要保障如新就业大学生等	政府干预程度最高，政府定价，禁止进入存量住房市场，禁止转租
经济适用房小户型商品房	遵循市场规律运行兼有保障功能	政府组织、开发企业或者单位开发建设	政府的政策	中低收入阶层	政府有一定程度的干预，能够享受土地划拨、税收减免等优惠，供给价格弹性低
普通商品住房	按市场经济规律运作	开发商投资建设	土地供给的限制、市场供需及价格	中高收入阶层	供给价格弹性高，不享受政府特殊优惠政策，政府不作限制
高档商品住房	市场属性，按照市场规律运行	开发商投资建设	土地供给的限制、市场供需及价格	高收入阶层	

四 城市住房需求结构

首先,根据梯度消费原理对城市不同收入阶层居民家庭进行合理分层,针对不同收入阶层设定适宜规格的分层"标准住房"。本章节的居民家庭分层和不同层次的"标准住房"面积的确定,依然秉承上一章中的方法和依据,确定分层"标准住房"。

其次,对各层次家庭在一定时期内的非住房消费支出进行定量模拟及数据分析,根据各层次居民家庭的总收入状况,从理论上判断不同收入阶层居民家庭人均住房消费可支出最大值。

一定时期内家庭人均住房消费可支出最大值,即用人均可支配收入减去人均无住房消费基本生活开支后的剩余收入,计算公式为:

$$V_{max} = Y_i - C_{nh} \qquad (5-3)$$

式中,V_{max}——某一收入层次家庭人均住房消费最大额;

Y_i——某一收入层次家庭人均可支配收入;

继续求出不同收入层次的家庭当期户均住房消费可支出最大值,公式为:

$$C_i = V_{max} \times Q_i \qquad (5-4)$$

式中,V_{max}——某一收入层次家庭户均住房消费最大值;

V_{max}——某一收入层次家庭人均住房消费最大支出;

Q_i——某一收入层次家庭户均人口数。

最后,根据居民家庭在这一时期内可以负担的最高住房消费总额,来计算不同层次居民家庭分层"标准住房"的有效需求总量及需求结构。

住房市场价格、经济发展及居民家庭可支配收入、国家住房相关政策(如利率浮动、贷款政策)等各种因素都会影响城市居民家庭住房能力,在本章节的测算中主要考量住房市场价格和居民家庭的年收入状况对住房可支付能力的影响,在分析中不考虑住房政策的变化对贷款年限、贷款人群变化的影响。对不同收入层次居民家庭的"标准住房"需求量的计算,还是假设居民家庭用住房按揭贷款的筹资方式购买住房,假设贷款额为购房总额的70%,贷款利率取各年度金融机构人民币贷款 5 年以上基准利率的平均值，每一年度略有变动。为了便于计算，还款方式按等额本金还款法，即每年还钱的数量相等，还款年限为 30 年。

根据按揭还款公式：

$$V = \frac{A}{i}\left[1 - \frac{1}{(1+i)^n}\right] \quad (5\text{—}5)$$

式中：V——按揭贷款总额；

A——年还款额；

i——贷款年利率；

n——贷款年限。

将城市居民的户均剩余收入作为年还款额带入上述公式，即可求出该家庭可支付的最大住房总价及住房面积。由于不同类型的标准住房面积不同，需求面积的总量并不能合理的反映出对应收入阶层居民的住宅需求情况，因此，本章节采用与家庭数量相关性更密切的住房套数作为需求量的单位进行计算。

户均可负担的住房最大额 P：

$$P = V\frac{V}{70\%} = \frac{1}{70\%} \times \frac{A}{i}\left[1 - \frac{1}{(1+i)^n}\right] \quad (5\text{—}6)$$

户均可购买对应分层"标准住房"的住房面积 S：

$$S = \frac{P}{P_k} \quad (5\text{—}7)$$

式中：S——户均可购买分层"标准住房"面积；

P——户均可负担的住房消费最大额；

P_k——对应分层"标准住房"的均价。

某一层次分层"标准住房"需求总面积 S_0：

$$S_{0k} = \sum S \times Q_0 \times \partial_i \quad (5\text{—}8)$$

式中：S_{0k}——分层"标准住房"需求面积总量；

Q_0——一定时期内家庭总户数；

∂_i——按收入分层某一层次家庭户数占比。

某一层次对应的标准住房有效需求套数：

$$Q_k = \frac{S_{0k}}{S_k} \tag{5—9}$$

式中：Q_k——对应标准住房需求套数；

S_{0k}——对应标准住房需求总面积；

S_k——对应标准住房面积。

不同收入层次对应的"标准住房"需求比例：

$$\beta_k = \frac{Q_k}{\Sigma Q_k} \tag{5—10}$$

第二节 南京不同层次"标准住房"需求量及需求结构测算

一 不同收入层次家庭户均住房最大消费支出

1. 基础数据资料来源及居民分层

本节实证研究中用到的数据来源于南京市统计局提供的官方统计资料。

为反映不同收入层次家庭非住房消费支出的层次性、差异性，依然在研究中对研究对象按照收入多少进行合理的层次划分。2015年南京统计资料中将居民家庭按照可支配收入由低到高划分为五个层次：低收入家庭、中等偏下收入家庭、中等收入家庭、中等偏上收入家庭、高收入家庭。各收入层次的人均可支配收入分别为22542元、33881元、41892元、54230元、87896元。本章也采用这样的分层标准对南京居民进行分组测算讨论不同收入层次家庭可用于住房消费的最大支出额，依据此数据进一步测算住房的实际需求量和需求结构。

2. 不同收入层次家庭户均住房最大消费支出（2015年）

根据《南京统计年鉴2016》》的资料，南京市城市居民家庭消费支出共八个项目，具体的情况如表5—2所示：

表 5—2　　　南京城市居民不同层次家庭人均各类消费
支出和可支配收入情况（2015 年）　　（单位：元）

指标	低收入家庭	中等偏下收入家庭	中等收入家庭	中等偏上收入家庭	高收入家庭
C_1	8975	11252	11211	12537	16199
C_2	2434	1799	2644	4165	6858
C_3	1127	2131	1764	2566	2371
C_4	1900	2356	2512	3192	6334
C_5	1667	1843	2189	3029	4760
C_6	2706	1902	8698	5644	12469
C_7	3411	4006	6498	9012	12662
C_8	950	630	872	1451	3600
Y	22542	33881	41892	54230	87896

注：1. C_1—C_8 所代表的消费支出分别是：食品支出（C_1）、衣着支出（C_2）、居住支出（C_3）、家庭设备用品及服务支出（C_4）、医疗保健支出（C_5）、交通和通信支出（C_6）、教育文化娱乐服务支出（C_7）、其他商品和服务支出（C_8）。家庭年收入（Y）。2015 年南京统计资料中将居民家庭按照可支配收入由低到高划分为五个层次：低收入、中等偏下收入、中等收入、中等偏上收入、高收入。表格中为相应的分层的家庭各项消费支出和年可支配收入数据。

2. 数据来源：《南京统计年鉴 2016》。

根据表 5—1 中数据指标，利用统计软件 EView 进行分析，得到 2015 年南京城市居民各项消费 ELES 模型估计值（表 5—3）。

表 5—3　　南京城市居民消费支出计量模型估计值（2015 年）

消费类别	Y	T 值	常数项	T 值	F	R^2
C_1	0.105	10.9	7001.883	13.75	118.86	0.9754
C_2	0.077	5.65	-137.875	-0.19	31.89	0.914
C_3	0.016	1.72	1224.219	2.48	2.95	148.56
C_4	0.069	7.64	-71.171	-0.15	58.41	0.9021
C_5	0.050	12.19	293.298	1.35	148.56	0.8701
C_6	0.151	3.04	-1000.148	-0.38	9.21	0.7544
C_7	0.149	8.73	-53.311	-0.06	76.26	0.9622
C_8	0.045	4.57	-671.247	-1.28	20.92	0.8746

注：C_1—C_8 所代表的消费支出同表 5—2。

根据表 5—2 中确定的模型估计值，可以通过 ELES 模型计算出各种消费的基本需求估计值（表 5—4）。

表 5—4　南京城市居民 ELES 模型估计值（2015 年）

消费类别	b_i	边际消费倾向	基本消费需求
C_1	7001.883	0.105	9046.780
C_2	-137.875	0.077	1372.715
C_3	1224.219	0.016	1536.090
C_4	-71.171	0.069	1281.812
C_5	293.298	0.050	1270.178
C_6	-1000.148	0.151	1959.354
C_7	-53.311	0.149	2860.344
C_8	-671.247	0.045	211.184

注：C_1—C_8 所代表的消费支出同表 5—2。

根据以上计量模型计算的各种消费的基本需求估计值，得出不同收入层次的家庭的非住房消费支出和户均剩余收入额，也就是不同收入层次家庭户均住房最大消费支出额（表 5—5）。

表 5—5　不同收入层次家庭户均住房最大消费支出计算（2015 年）

项目	低收入户	中等偏下收入户	中等收入户	中等偏上收入户	高收入户
平均每户家庭人（人）	2.82	2.61	2.59	2.52	2.61
人均可支配收入（元）	22542	33881	41892	54230	87896
人均无住房消费基本生活支出（元）	18002.37	18002.37	18002.37	18002.37	18002.37
人均剩余收入（元）	4539.63	15878.63	23889.63	36227.63	69893.63
户均剩余收入（元）	12801.76	41443.23	61874.15	91293.63	182422.38
家庭户均住房消费最大额（元）	12801.76	41443.23	61874.15	91293.63	182422.38

居民家庭按照可支配收入由低到高划分为五个层次：低收入、中等偏下收入、中等收入、中等偏上收入、高收入，并赋予不同层次的居民家庭以不同的住房标准面积偏好（表5—6）。

表5—6　　　　不同收入层次居民家庭"标准住房"的确定

项目	低收入(20%)	中等偏下收入(20%)	中等收入(20%)	中等偏上收入(20%)	高收入(20%)
标准住房	低价商品房	普通商品住房			高档商品住房
对应住房均价（元/m^2）	6250.89	18400.04			19540.25
对应住房平均面积（m^2）	60	90			144
户均剩余收入（元）	12801.76	41443.23	61874.15	91293.63	182422.38

根据分组和相应层次的住房标准进行分组测算讨论不同收入层次家庭可用于住房消费的最大支出额，依据此数据进一步测算住房的实际需求量和需求结构（表5—7）。

表5—7　　　　南京市针对不同收入阶层的"标准住房"
需求量计算（2015年）

项目	低收入(20%)	中等偏下收入(20%)	中等收入(20%)	中等偏上收入(20%)	高收入(20%)
标准住房	低价商品房	普通商品住房			高档商品房
对应住房均价（元/m^2）	6250.89	18400.04			19540.25
对应住房平均面积（m^2）	60	90			144
户均住房最大消费支出（元）	12801.76	41443.23	61874.15	91293.63	182422.38
户均可支付住房总价（元）	247745.08	802026.74	1197414.42	1766752.62	3530314.31
户均可购买住房面积（m^2）	39.63	43.58	65.07	96.02	180.67
对应标准住房总需求面积（m^2）	8782874	9659253	14421126	21277983	40036558
标准住房需求套数（套）	146381	503982			278032
标准住房需求结构（%）	15.77%	54.29%			29.95%

二 南京"标准住房"需求量及需求结构变动趋势

为了更加连贯、科学地分析和研究南京居民住房实际需求的变化,本节按照上述方法,采集2005—2015年的相关数据,对2005—2015年南京城市居民住房实际需求及其结构进行测度(表5—8),揭示各层次家庭住房实际需求及需求结构的变化趋势(图5—3)。

表5—8　南京"标准住房"需求结构变动趋势(2005—2015年)

年份 \ 分层	低收入	中等偏下收入	中等收入	中等偏上收入	高收入
不同收入阶层对应"标准住房"	经济适用房或低价商品房	普通商品房			高档商品房
对应分层"标准住房"面积(m²)	60—90(取最低值60)	90—144(取最低值90)			144以上(取最低值144)
2005 "标准住房"需求比例(%)	10.58	65.96			23.46
2006 "标准住房"需求比例(%)	8.87	66.37			24.76
2007 "标准住房"需求比例(%)	13.44	63.03			23.52
2008 "标准住房"需求比例(%)	28.28	43.93			27.79
2009 "标准住房"需求比例(%)	30.40	39.86			29.75
2010 "标准住房"需求比例(%)	31.60	36.57			31.83
2011 "标准住房"需求比例(%)	24.39	37.70			37.91

续表

分层 年份		低收入	中等偏下收入	中等收入	中等偏上收入	高收入
2012	"标准住房"需求比例（%）	22.61		38.81		38.58
2013	"标准住房"需求比例（%）	21.33		39.28		39.39
2014	"标准住房"需求比例（%）	22.29		37.88		39.83
2015	"标准住房"需求比例（%）	21.64		37.25		41.11

注：表中数据根据前文的方法计算所得，计算过程在此省略。

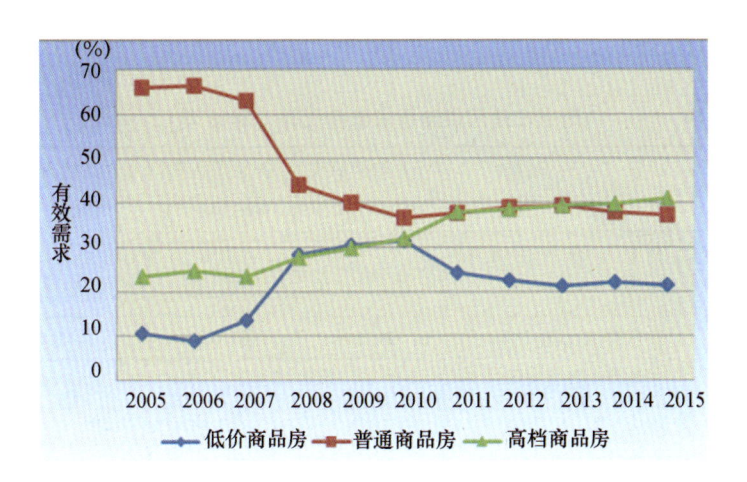

图5—3 南京不同层次"标准住房"需求结构变动趋势

第三节 南京不同层次"标准住房"供需结构研究

一 南京住房供给结构分析

这里依然使用"住房套数"作为住房供给的统计单位，根据南京市统计局公布的官方供给资料"南京市商品住房",计算得出 2015 年南京市商品住房的实际供给量及供给结构(表 5—9)。

表 5—9　　　　南京市住房供给数量及供给结构(2015 年)

指标	小户型商品房 ($90m^2$ 以下)	普通商品房 ($90—144m^2$)	高档商品房 ($144m^2$ 以上)
当年竣工面积(m^2)	4982521	1993164	525310
竣工住房价值(万元)	1337922	896902	276715
当年竣工套数(套)	63613	9599	1453
套均面积(m^2)	78.31	200.87	324.41
供给结构(%)	85.19	12.86	1.95

对 2015 年南京居民住房实际需求与住房供给进行比较(表 5—10)。

表 5—10　　　　南京市住房供给需求结构比较(2015 年)

	指标	小户型商品房 ($90m^2$ 以下)	普通商品房 ($90—144m^2$)	高档商品房 ($144m^2$ 以上)
需求	分层标准住房面积(m^2)	60	90	144
	住房需求比例(%)	21.64	37.25	41.11
供给	实际供给套均面积(m^2)	78.31	200.87	324.41
	住房供给比例(%)	85.19	12.86	1.95

从表 5—9 和表 5—10 中的计算结果和比较分析来看:

(1)居民的实际有效需求与供给是处于非均衡状态

2015 年,对于 $90m^2$ 以下的小户型商品住房的需求比例是 21.64%,实际供给比例为 85.19%,供需处于非均衡状态,供给远远超出居民的有效需求。而 $90—144m^2$ 普通商品住房的实际供给比例为 12.86%,而居民需求比例为 37.25%,显示出需求大于供给的非均衡态势。$144m^2$ 以上的高档商品住房的有效需求比例远远大于其实际的供给比例,供给需求严重失衡。

（2）住房的实际供给与居民的有效需求呈现出产品结构的非均衡

对各类住房实际供给和居民有效需求的套均面积指标进行分析（表5—9），可以看出，在住房套均面积上，普通商品住房和高档商品住房的实际供给比实际需求要超出很多，住房产品结构处于非均衡状态。对于低收入居民家庭来讲，有效需求住房套均面积应该以 $60m^2$ 为主，而2015年南京市实际供应的小户型商品住房的套均面积达到了78.31平方米，虽然这个数字没有超出 $90m^2$ 的上限，但是依然显示出超出低收入居民家庭有支付能力的需求面积范围的趋势。中等收入居民家庭的有效需求住房套均面积应该在 $90—144m^2$，而2015年南京市实际供应的普通商品住房的套均面积已经达到了200.37平方米，实际供给的套均面积远远超出了对应收入层次居民家庭的负担水平。高档商品住房的实际供给和有效需求的套均面积相差近 $200m^2$。南京市住房的实际供给与居民的有效需求呈现出产品结构的非均衡，在供给总面积不变的条件下，套均面积增大，供给套数就减少，这就造成了从总的供需比例（总面积）来看处于均衡状态的住房市场，但是对于差异化、个体化的家庭（按套购买住房）来讲，实际上处于供需非均衡状态，对应收入层次的居民家庭仍然不能购买到合意住房的现象。

继续采集2007—2015年的相关数据，计算得出南京市2007—2015年的住房实际供给结构，见表5—11、表5—12和图5—4所示。

表5—11　　　　南京市住房供给数量及供给结构变化趋势
（2007—2015年）

年份及指标		经济适用房或小户型商品房（60—90m^2）	普通商品房（90—144m^2）	高档商品房（144m^2 以上）
2007	当年竣工面积（m^2）	878142	4747760	159740
	竣工住房价值（万元）	144598	858659	27917
	当年竣工套数（套）	10134	41146	809
	套均面积（m^2）	86.05	113.39	197.45
	供给比例（%）	19.46	78.99	1.55

续表

年份及指标		经济适用房或小户型商品房（60—90m²）	普通商品房（90—144m²）	高档商品房（144m² 以上）
2008	当年竣工面积（m²）	1356300	6607000	965800
	竣工住房价值（万元）	158600	1473800	323900
	当年竣工套数（套）	16790	61252	5481
	套均面积（m²）	78.22	106.68	176.20
	供给比例（%）	20.10	73.34	6.56
2009	当年竣工面积（m²）	1835000	9284200	1159300
	竣工住房价值（万元）	362500	2435300	337100
	当年竣工套数（套）	24821	86154	6469
	套均面积（m²）	72.95	107.22	176.16
	供给比例（%）	21.13	73.36	5.51
2010	当年竣工面积（m²）	3342000	1480593	473573
	竣工住房价值（万元）	781670	494412	185962
	当年竣工套数（套）	45915	7581	1674
	套均面积（m²）	72.48	195.09	282.89
	供给比例（%）	83.22	13.74	3.04
2011	当年竣工面积（m²）	3679062	1402136	1161631
	竣工住房价值（万元）	1008082	421601	352201
	当年竣工套数（套）	50500	7783	8167
	套均面积（m²）	72.84	180.10	142.21
	供给比例（%）	75.99	11.71	12.30
2012	当年竣工面积（m²）	7192889	1733338	701936
	竣工住房价值（万元）	1933547	632114	272517
	当年竣工套数（套）	93512	8022	2823
	套均面积（m²）	70.35	213.93	247.79
	供给比例（%）	89.61	7.68	2.71
2013	当年竣工面积（m²）	3769268	952830	402159
	竣工住房价值（万元）	1018708	349479	171522
	当年竣工套数（套）	49842	3968	1681
	套均面积（m²）	73.45	240.12	238.55
	供给比例（%）	89.81	7.15	3.04

续表

年份及指标		经济适用房或小户型商品房（60—90m²）	普通商品房（90—144m²）	高档商品房（144m²以上）
2014	当年竣工面积（m²）	3008252	1033352	178319
	竣工住房价值（万元）	947762	437518	50300
	当年竣工套数（套）	39266	5138	1119
	套均面积（m²）	74.04	196.51	258.85
	供给比例（%）	86.25	11.29	2.46
2015	当年竣工面积（m²）	4982521	1993164	525310
	竣工住房价值（万元）	1337922	896902	276715
	当年竣工套数（套）	63613	9599	1453
	套均面积（m²）	78.31	200.87	324.41
	供给比例（%）	85.19	12.86	1.95

表5—12　　南京住房供给结构变动趋势（2007—2015年）

年份	实际供给套均面积（m²）			供给结构
	经济适用房或小户型商品房	普通商品房	高档商品房	
2007	86.05	113.39	197.45	19.46∶78.99∶1.55
2008	78.22	106.68	176.20	20.10∶73.34∶6.56
2009	72.95	107.22	176.16	21.13∶73.36∶5.51
2010	72.48	195.09	282.89	83.22∶13.74∶3.04
2011	72.84	180.10	142.21	75.99∶11.71∶12.30
2012	70.35	213.93	247.79	89.61∶7.68∶2.71
2013	73.45	240.12	238.55	89.81∶7.15∶3.04
2014	74.04	196.51	258.85	86.25∶11.29∶2.46
2015	78.31	200.87	324.41	85.19∶12.86∶1.95

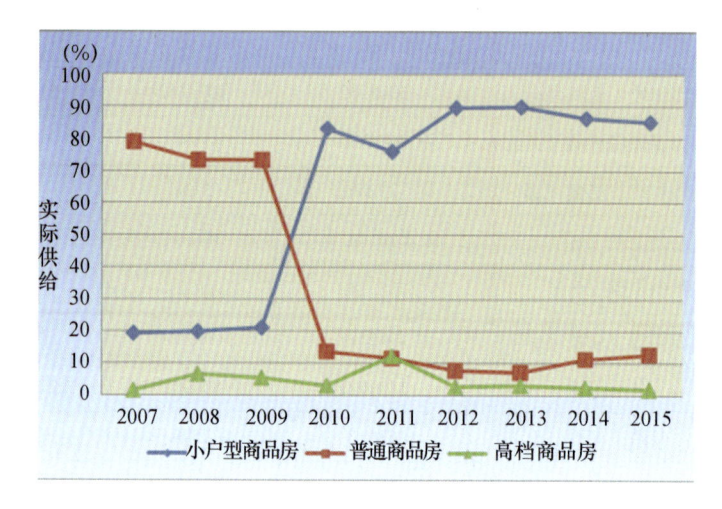

图 5—4 南京住房供给结构趋势变化

二 南京市住房需求与供给均衡性分析

将南京城市居民住房需求结构和住房供给结构进行对比分析，得到表 5—13 显示的南京市住房需求和供给的均衡性分析。

表 5—13 住房需求和供给的均衡性（2007—2015 年）

年份	指标	经济适用房或小户型商品房	普通商品房	高档商品房
2007	标准住房面积（m²）	60	90	144
	住房需求比例（%）	13.44	63.03	20.52
	实际供给套均面积（m²）	86.05	113.39	197.45
	住房供给比例（%）	19.46	78.99	1.55
2008	标准住房面积（m²）	60	90	144
	住房需求比例（%）	28.28	43.93	27.79
	实际供给套均面积（m²）	78.22	106.68	176.20
	住房供给比例（%）	20.10	73.34	6.56

续表

年份及指标		经济适用房或小户型商品房	普通商品房	高档商品房
2009	标准住房面积（m²）	60	90	144
	住房需求比例（%）	30.40	39.86	29.75
	实际供给套均面积（m²）	72.95	107.22	176.16
	住房供给比例（%）	21.13	73.36	5.51
2010	标准住房面积（m²）	60	90	144
	住房需求比例（%）	31.60	36.57	31.83
	实际供给套均面积（m²）	72.48	195.09	282.89
	住房供给比例（%）	83.22	13.74	3.04
2011	标准住房面积（m²）	60	90	144
	住房需求比例（%）	24.39	37.70	37.91
	实际供给套均面积（m²）	72.84	180.10	142.21
	住房供给比例（%）	75.99	11.71	12.30
2012	标准住房面积（m²）	60	90	144
	住房需求比例（%）	22.61	38.81	38.58
	实际供给套均面积（m²）	70.35	213.93	247.79
	住房供给比例（%）	89.61	7.68	2.71
2013	标准住房面积（m²）	60	90	144
	住房需求比例（%）	21.33	39.28	39.39
	实际供给套均面积（m²）	73.45	240.12	208.55
	住房供给比例（%）	89.81	7.15	3.04
2014	标准住房面积（m²）	60	90	144
	住房需求比例（%）	22.29	37.88	39.83
	实际供给套均面积（m²）	74.04	196.51	158.85
	住房供给比例（%）	86.25	11.29	2.46
2015	标准住房面积（m²）	60	90	144
	住房需求比例（%）	21.64	37.25	41.11
	实际供给套均面积（m²）	78.31	200.87	324.41
	住房供给比例（%）	85.19	12.86	1.95

进一步对 2007—2015 年的计算结果进行分析,可以发现南京市 2007—2015 年的住房供给结构和需求结构的变化趋势特征:

(1) 经济适用房或小户型商品住房的有效需求不断增加

线性分析呈现平稳上升的态势,其中 2008—2010 年的增长规模最大。

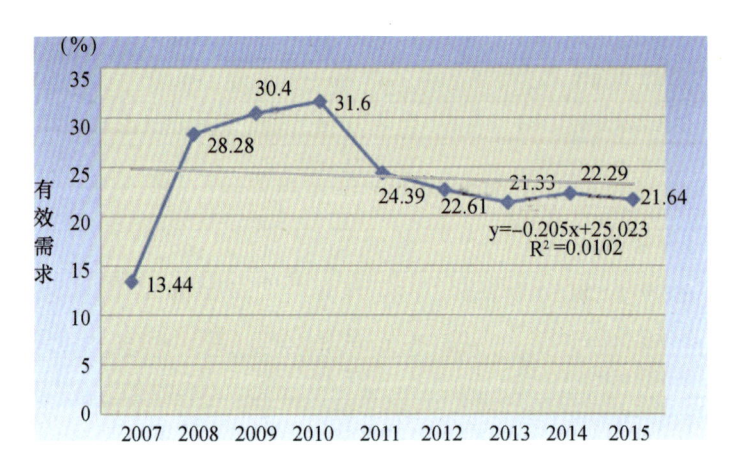

图 5—5 南京 2007—2015 年经济适用房或小户型商品住房的有效需求变化趋势

(2) 普通商品住房的实际需求在下降

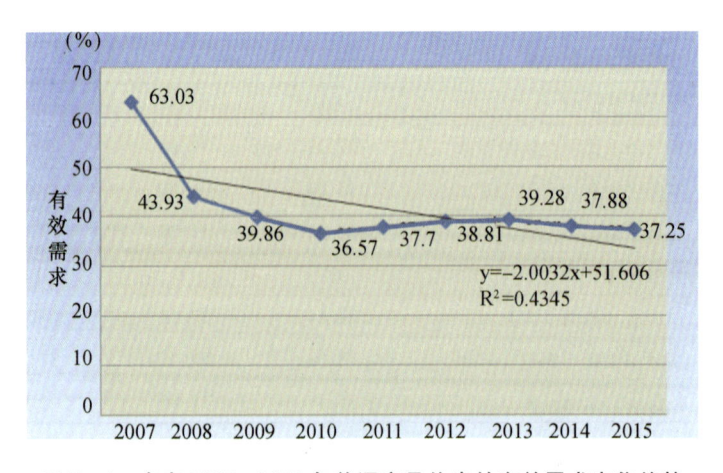

图 5—6 南京 2007—2015 年普通商品住房的有效需求变化趋势

(3) 高档商品住房的实际需求不断增加

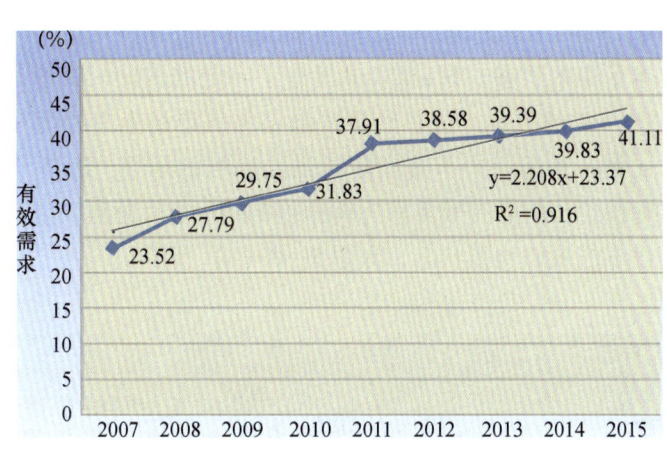

图 5—7　南京 2007—2015 年高档商品住房的有效需求变化趋势

(4) 住房的有效需求与实际供给结构不均衡

分析梯度结构，总体趋势显示，南京住房市场的需求供给结构一直处于不均衡状态：

首先，小户型商品住房或者是 2010 年之前的经济适用住房的需求曲线处于比较平稳状态［图 5—8（1）］，增减不明显。2007—2009 年，南京住房市场的有效需求与实际供给处于比较均衡的状态，需求略高于供给。但是在 2010 年度，南京市小户型商品住房的实际供应量却呈现大幅增长的态势，2010—2015 年小户型商品住房在住房供给结构中一直处于 80% 以上的比例，这一比例远远超过了居民的有效需求比例，呈现出供过于求非均衡状态。

其次，普通商品住房。2007—2009 年，南京住房市场上普通商品住房有效需求高于供给较多，在这一阶段南京住房市场上的小户型商品住房供需均衡，没有过多的消费需求溢出到普通商品住房市场。但是，从 2010 年开始，一方面，南京普通商品住房的实际供给数量快速下降，另一方面，有效需求基本处于没有变化的状态，从而导致普通商品住房的有效需求大于实际供给比例，呈现出总量数据上的需求大于供给的非均衡状态，如图 5—8（2）所示。

最后，高档商品住房。一方面，2007—2015 年，南京高档商品住房的有效需求一直处于不断上升通道，从 2007 年 23.52% 上升到 2015 年 41.11%；另一方面，2007—2015 年南京高档商品住房的实际供给一直处于基本平稳的状态，只在 2011 年有了一定的波动，其他时期基本保持在 2%—5% 的水平。这必然导致南京住房市场上高档商品住房的有效需求比例一直远远大于其实际的供给比例的结果，2015 年，高档住房的实际供给比例与有效需求比例相差 39.16 个百分点，呈现出总量上严重的供不应求非均衡状态，如图 5—8（3）所示。

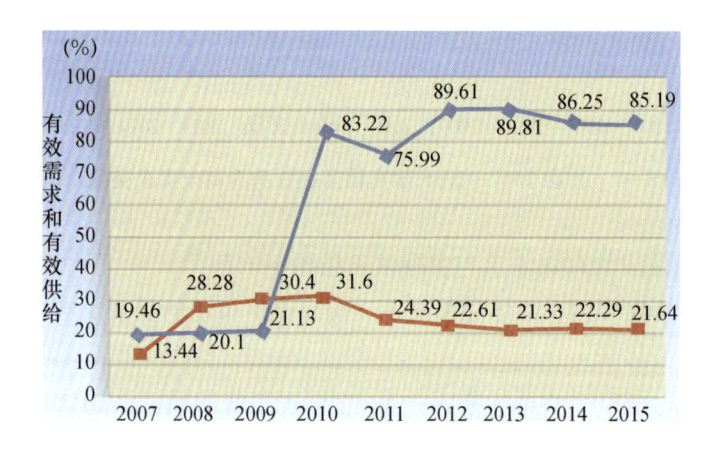

（1）经济适用房或小户型商品住房的有效需求与实际供给对比分析

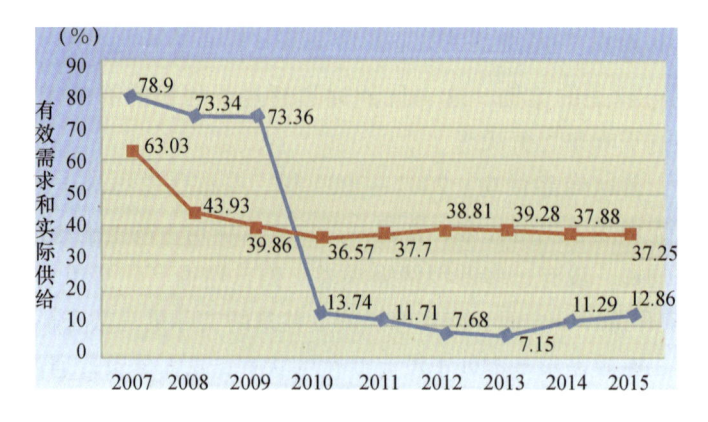

（2）普通商品住房的有效需求与实际供给对比分析

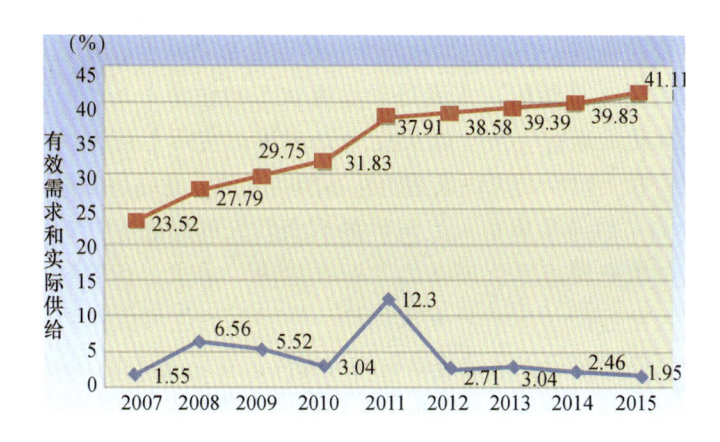

（3）高档商品住房的有效需求与实际供给对比分析

图5—8 南京住房的有效需求与实际供给结构不均衡分析

（5）住房实际供给与居民的有效需求呈现出产品结构的非均衡

对各类住房实际供给和居民有效需求的套均面积进行分析，可以看出，不论是小户型商品住房、普通商品住房还是高档商品住房的实际供给的住房套均面积都远远超出了对应收入层次居民有支付能力的有效需求的套均面积范围，尤其是普通商品住房的实际供给套均面积已经远远偏离普通商品住房套均面积的合理范围。对于低收入居民家庭来讲，有效需求住房套均面积应该以60平方米为主，而2007—2010年南京市实际供应的经济适用房平均面积达到了72.48—86.05平方米。2011—2015年实际供应的小户型商品房平均面积达到了72.84—78.31平方米，虽然这个数字一直没有超出90平方米的上限，但是依然显示出超出低收入居民家庭有支付能力的需求面积范围的趋势。普通商品住房的实际供给套均面积从2007年的113.39平方米持续上涨至2015年的200.87平方米，实际供给的套均面积远远超出了对应收入层次居民家庭的负担水平（90—144平方米）。高档商品住房的实际供给套均面积从2007年的197.45平方米持续上涨至2015年的324.41平方米，2015年的实际供给和有效需求的套均面积相差近200平方米。南京市住房的实际供给与居民的有效需求在产品结构上一直是处于非均衡的偏离状态。在供给总面积不变的条件下，套均面积增大，供给套数就减少，这就造成了从总的供需比例（总面积）来看处于均衡状态的住房市场，但是对于差异化、个体化的家庭（按套购买住房）来讲，实际上处于供需非均衡状态，对应收入层次的居民家庭仍然不能购买到合意住房的现象。

1. 本章节继续采用更具逻辑性的剩余收入的思想，针对城市不同收入阶层的家庭设定适宜规格的"标准住房"需求，计算城市不同支付能力居民家庭的住房有效需求结构，与实际的住房供给结构进行对比，分析目前南京市住宅供需结构的均衡性，发现南京市住房的供需结构存在两个特点：一是总量结构上，住房的有效需求与实际供给结构呈现不均衡；二是住房产品结构上，实际供给与居民的有效需求呈现出产品结构的非均衡的特征。

2. 在分析住房有效需求结构和实际供给结构的均衡性的基础上探讨住房正义问题。得到如下结论：

（1）住房消费需求呈现两极分化的趋势

从2007—2015南京居民家庭的住房需求结构的变动趋势来看，住房消费呈现两极分化的趋势。

（2）住房梯度供需结构不合理无法支撑实现住房正义的"合理差距"

通过对南京市的住房需求与供给结构进行研究分析后发现当前南京的住房消费和供给结构处于不均衡状态。总量结构上，住房的有效需求与实际供给结构呈现不均衡。小户型商品住房呈现出总量数据上的供过于求非均衡状态，普通商品住房呈现出总量数据上的需求大于供给的非均衡状态，高档商品住房呈现出总量上严重的供不应求非均衡状态。另外，住房产品结构上，实际供给与居民的有效需求呈现出产品结构的非均衡的特征。南京住房供给的产品类型（实际供给的各类住房套均面积）可以发现，不论是小户型商品住房、普通商品住房还是高档商品住房的实际供给的住房套均面积都远远超出了对应收入层次居民有支付能力的有效需求的套均面积范围。在面积总量达到了基本均衡，但实际上各收入层次居民家庭仍然不能购买到适合住房，无法支撑实现住房正义的"合理差距"。

（3）供给需求结构不均衡提高了中等收入阶层家庭实现住房权利的成本

普通商品住房短缺会不断抬高消费预期，无法得到满足的高档商品住房的消费需求被挤压到普通商品住房，产生一部分投资型需求，这些都导致住房价格居高不下，而使得住房市场上真正的有效需求无法得到满足，尤其是中等收入居民家庭实现住房的成本过高，形成住房非正义现象。

第六章

住房与交通综合可支付能力研究

城市空间蔓延、多中心化趋势和住区郊区化是现代城市发展的特点,许多家庭为了降低住房成本选择居住在郊区。但是职住分离直接造成通勤距离和时间的不断增加,要承担越来越多的交通成本。本章节为了更全面地衡量城市居民住房可支付能力和住房正义问题,借鉴美国住房与交通可支付能力指数(H & TAI),引入交通成本来考察居民住房的综合负担水平。并对只计算了交通货币成本的美国住房与交通可支付能力指数进行修正,基于可达性分析计算通勤交通时间成本,衡量不同区位交通小区和不同层次的居民家庭在住房与交通方面的综合支付能力,探析南京市居民住房权利的实现程度。

第一节 住房与交通综合可支付能力指数

一 住房与交通综合可支付能力指数及其计算方法

在本章的研究中,住房与交通综合可支付能力的计算方法分为两种,见表6—1。

一种是个体化的住房与交通可支付能力计算,这种方法采用城市居民交通出行调查数据,衡量个体化的家庭的住房与交通综合可支付能力。

个体化的住房与交通可支付能力的计算公式为:

H & TAI = (交通成本 + 住房成本) / 家庭可支配收入(个体化交通调查数据)

另一种是基于家庭原单位法的住房与交通可支付能力计算,它排除了个体和家庭选择对住房与交通综合可支付能力的影响,仅仅考虑不同区位对住房与交通可支付能力产生的影响。这种方法采用官方统计的较为宏观的大数据，衡量不同层次的居民家庭在住房与交通方面的综合支付能力。

表6—1　住房与交通综合可支付能力计算的不同方法

		家庭原单位法	个体化法
研究区范围		南京市域	城区八个区
家庭收入		按照当年统计的居民可支配收入划分低收入、中等收入、高收入	根据居民交通出行调查数据资料核算调查覆盖的所有家庭的平均收入
住房支出	新房	1. 分层思想：低收入家庭户均60m^2，中等收入家庭户均90m^2，高收入家庭层户均144m^2 2. 按照70%贷款，贷款30年计算，不同层次家庭购买合意住房贷款还款额	按中等收入家庭户均90m^{2}按照70%贷款，贷款30年计算，计算调查覆盖的家庭购买合意住房贷款还款额
	二手房		
	租房	月租金	
住房可支付能力		不同住房类型月支出/不同收入水平	月支出/平均收入
交通消费成本	时间成本	可达性计算：私家车、公交	交通调查：出行时间
	货币成本	私家车每月1400元；公交每月174元	交通调查：出行方式
交通可支付能力		不同方式的交通支出/不同收入水平	交通支出/平均收入
住房与交通综合可支付能力		（不同住宅类型支出＋不同交通方式支出）/不同收入水平	（住房支出＋交通支出）/各小区平均收入

注：这里在"住房支出"的计算中依然沿用本书在第三章中提出的分层标准住房的概念。在第三章使用剩余收入界定住房可支付能力时，提出了居民按照可支配收入分层分组的思想，并假定每一层次的家庭购买不同标准的住房。因为针对不同收入阶层的居民设定统一的住房标准是不合理的，掩盖了住房的梯度消费的特性。低收入阶层家庭标准住房面积为60m^2，中等收入家庭户均90m^2，高收入家庭户均144m^2。

家庭原单位法的住房与交通可支付能力的计算公式为：

H & TAI =（交通成本 + 月住房成本）/家庭可支配收入（统计年鉴数据）

每一种方法的计算分为两部分，一是住房成本，二是交通成本。

二 案例城市的概况及研究区范围界定

1. 案例城市的概况

研究案例城市——南京作为中国东部沿海开放型城市，是中国长三角地区经济比较发达的核心城市和国家重要门户城市，江苏省的政治中心，城市化水平较高，综合实力较强，城市规模较大，南京市的经济总量不断提升，2016年，南京GDP总量首破万亿元大关，达到10503亿元，成为全国第11个GDP超万亿的城市。2000年以来，南京城市居民人均可支配收入年均增长11.9%，2016年城镇居民人均可支配收入达到40672元。人口规模适中，处于低速增长态势，2016年南京市常住人口为827万人，常住人口城镇化率为82%。

近年来，南京市行政区划不断调整、内部空间结构不断向城市四周扩展，南京作为特大型城市，已经显现出多中心发展的特点，江宁、河西、仙林等已经成为南京城市的新中心，由此，南京市已经呈现出明显的职住分离的现象。虽然南京的公共交通等城市基础设施建设速度加快，但是城市人口的增加、城市交通拥堵进一步增加了南京居民的通勤时间。一份基于百度"我的2014年上班路"的数据调查，参与者超过300万人，覆盖全国300多个城市。在全国城市中，南京以14.14公里的平均里程，以及41分钟的平均用时，在全国城市通勤里程和通勤时间上排名第7。其中，公共交通上班族的平均距离为15.3公里，需要耗时48分钟；开车族的平均距离相对短点，但也有12.7公里，用时35分钟。2016年第一财经商业数据中心发布的《中国智能出行2015大数据报告》显示，高峰拥堵延时指数（同里程通行时间是通畅时间的倍数），南京为1.54。可见，不断增加的通勤时间成本和货币成本，加重了南京城市居民家庭的居住负担。

2. 研究区范围界定

（1）家庭原单位法的研究区范围

家庭原单位法的研究区范围包括南京整个市域。

（2）个体化的住房与交通综合可支付能力的计算方法的研究区范围界定

本章的第 5 部分基于交通调查的综合指数分析以及空间分析，选取南京市中心城区为研究对象，研究区范围包括建邺、玄武、秦淮、鼓楼、雨花台区的全部和六合、浦口、栖霞、江宁的部分区域。交通出行调查资料显示共计有 470 余个交通小区，按照交通小区划分城市空间单元。

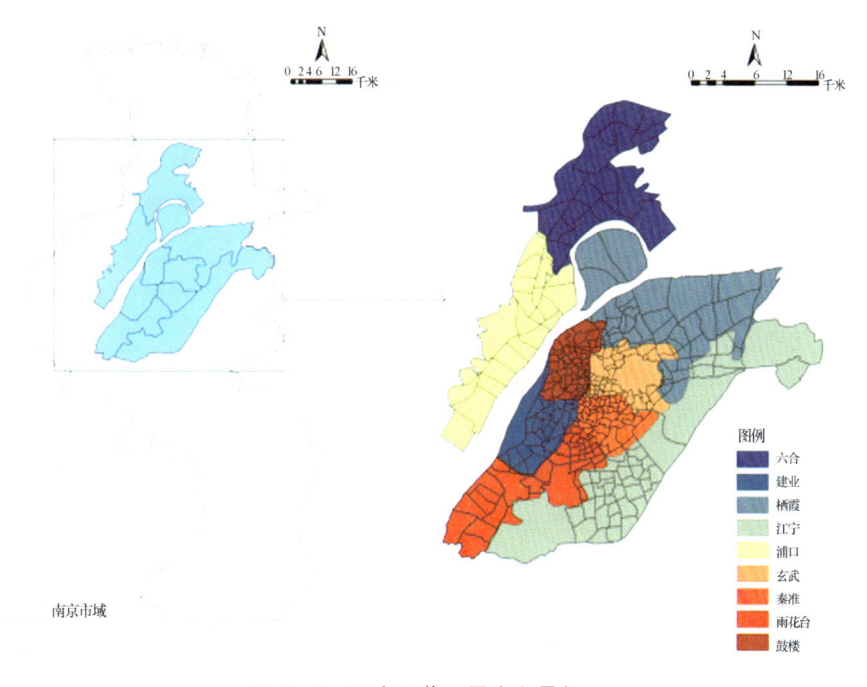

图 6—1　研究区范围界定和叠加

三　不同研究方法的数据来源及构成

两种不同研究方法的数据来源见表 6—2。

表 6—2　　　　　　　　不同研究方法的数据来源

数据来源 \ 类型	家庭原单位法	个体化法
住房成本	房地产经纪机构网站	房地产经纪机构网站
交通成本	可达性分析	交通出行调查
家庭收入	2014 年南京统计年鉴（分层）	交通出行调查（平均）

住房数据：由于南京市全市交通综合调查并未调查相应家庭的住房情况，因此住房成本相关的数据从其他渠道获得。从南京房地产交易中心网站上以及搜房网、我爱我家、链家等房地产经纪机构网站收集二手房和市场化租赁房的数据。租房数据覆盖 258 个交通小区，新房数据覆盖 107 个交通小区，二手房数据覆盖 271 个交通小区。

家庭收入、家庭户均人口等其他数据来自《2014 年南京统计年鉴》。

南京路网数据来源于 2010 年南京道路现状图和百度地图。

交通数据：本章节研究中个体化的交通成本数据来源于 2013 年 10 月南京市居民交通出行调查。该调查选取工作日（周三）对南京市 8 个区（除六合区）的住户进行了随机抽样入户调查，对南京市主城区 8 个区（除六合区）的住户进行了随机抽样入户调查，其中原主城区鼓楼区、玄武区、秦淮区、建邺区、栖霞区、雨花台区六区中抽取 35 个街道，浦口区、江宁区两个外围区抽取 5 个街道，共计 40 个街道，共得到样本 1999 户，5930 人，有效数据 5864 人，数据 15389 条。问卷由四部分构成：（1）家庭基本特征，包括地址、家庭结构、交通工具拥有情况、家庭年收入、购车意愿等；（2）居民个人特征，包括性别、职业、年龄、受教育情况、是否拥有公交卡和驾照等；（3）居民一日出行调查记录，包括出行次序、出发时间、出发地地址及其性质、出行目的、出行方式、目的地地址及其性质、到达时间；（4）城市交通的意见和建议。

第二节 家庭原单位法的居民交通与住房综合可支付能力研究

一 家庭原单位法的收入计算和居民分层

基于家庭原单位法的住房与交通综合可支付能力计算，仅仅考虑不同区位对住房与交通可支付能力产生的影响。这种计算的目的和好处就在于能从居民收入层次的维度来分析和比较不同层次居民家庭的住房与交通综合可支付能力。

居民家庭收入主要依据家庭可支配收入进行分层。根据南京统计局公布的 2014 年《南京统计年鉴》，2013 年南京城市居民的年人均可支配收入分为五个层次：低收入层次平均收入 18675 元、中等偏下收入层次平均收入 28421 元、中等收入层次平均收入 36494 元、中等偏上收入层次平均收入 46852 元、高收入层次平均收入 75497 元；南京市 2013 年的户均人口为 2.68 人/户。按照南京城市居民家庭月可支配收入分层：低收入层次家庭月平均收入 4171 元、中等偏下收入层次家庭月平均收入 6347 元、中等收入层次家庭月平均收入 8150 元、中等偏上收入层次家庭月平均收入 10464 元、高收入层次家庭月平均收入 16861 元。在本节计算中，按照月收入水平对居民家庭划分三个层次：低收入层次家庭，月平均收入 4171 元；中收入层次家庭月平均收入 8320 元；高收入层次家庭月平均收入 16861 元，展开分析研究，其中中收入组是取中等偏下收入组、中等收入组和中等偏上收入组加权平均值。

二 住房成本及住房可支付能力

住房成本采用每月住房支出进行计算。把住房分为三种类型：新房、二手房、租房。租房按每月租金计算支出。新房和二手房主要通过南京房地产交易中心网站上以及搜房网（http://nanjing.fang.com）、我爱我家、链家等房地产经纪机构网站收集，分别获知不同交通小区内或者是相近区域住房的平均销售单价。

租房数据覆盖 258 个交通小区，新房数据覆盖 107 个交通小区，二手房数据覆盖271个交通小区。

表6—3 家庭原单位法的住房成本计算中各区统计的楼盘的数量

分类	总量	鼓楼	建邺	玄武	雨花	秦淮	江宁	栖霞	浦口	六合
新房	501	39	53	22	36	33	129	49	86	54
二手房	6667	912	424	474	401	484	1614	806	1188	364
租房	4301	642	439	366	210	583	936	572	355	198

根据资料显示，所统计的各区的新房平均价格为23123元/m^2，二手房的平均价格为18531元/m^2，租赁房屋价格为2615元/月。然后根据分层消费的思想，采用60平方米、90平方米、144平方米分别作为低收入居民、中等收入居民和高收入居民的住房面积标准，计算总房价和每月的按揭还款额。按揭贷款按贷款70%，贷款30年和2015年3月1日启用的公积金5年以上贷款年利率4%为基准，采用等额本息还款法计算，计算公式为：

每月还款额 = 贷款本金 × 月利率 × （1 + 月利率）^{n} / [（1 + 月利率）^{n} − 1]（其中n是还款月数）

最终住房成本用每月按揭还款额和租金表示，并核算不同收入层次家庭的住房可支付能力（HAI）（见表6—5）。

在本章节中将居民的住房可支付能力划分为五类（见表6—4）。

表6—4 住房可支付能力HAI分类

HAI（支出收入比）	0.2以下	0.2—0.3	0.3—0.5	0.5—1.0	1.0以上
负担情况	基本无负担	可承受负担	有一定负担	负担很重	难以负担

表6—5 南京不同收入层次的住房可支付能力（家庭原单位法的HAI）

家庭分类	新房	二手房	租房
低收入家庭（20%）	1.32	0.91	0.58
中等收入家庭（60%）	0.98	0.68	0.36
高收入家庭（20%）	0.41	0.33	0.19

综合考察居民收入层次、住房市场上的住房分类两个维度，按照低、中、高不同收入水平的住房支付能力来分类考察，低收入家庭的住房支付能力很弱，只能承受租房的负担，难以负担购买新房的压力，二手房的购买能力也是比较弱。中等收入阶层对于购买新房压力很大，可以承受购买二手房和租房负担。对于高收入阶层，购买新房、二手房都处于可支付范围，基本不存在较重的住房负担。

与采用剩余收入法计算的居民住房可支付能力（MHAI）相比，研究思想和计算方法虽然有所不同，但研究结果是相符的。剩余收入法计算的结果（MHAI）显示，2013 年南京市居民中 60% 的居民对于本层标准住房可得性弱，对应的低收入家庭、中等偏下收入家庭和中等收入家庭在满足家庭的基本生活需求之后的剩余收入不足以支付购买住房的消费，可能会产生"住房引致贫困"的现象。而在本节中采用原单位法计算结果显示：20% 的低收入群体根本没有购买新房的承受能力，而60% 的中等收入阶层购买新房的可支付能力已经接近难以负担的界限了，说明整体的中等收入阶层的大多数人住房支付能力弱，购买新房会严重影响居民的生活质量，甚至是造成贫困。

三 交通成本及交通可支付能力

本章节的交通成本计算，区别于美国仅计算交通货币成本的方法，采用广义的交通成本计算法，加入了交通时间成本因素度量研究区的交通负担：

总交通支出成本 = 交通时间成本 + 交通货币成本

1. 家庭原单位法的交通时间成本

首先，要选择居民通勤出行交通方式。

通常情况下，城市交通系统内主要包括私家车出行、公交出行、城市轨道交通出行、出租车出行以及步行自行车出行等交通方式。本章节以计算居民通勤时间为主要目的（南京的通勤时间已经达到 70 分钟，故单纯选择步行和自行车方式作为通勤方式的居民比例应该不大），所以选择私家车出行、公交出行、城市轨道交通出行、出租车出行方式为居民主要出行方式进行考察，而步行方式所产生的时间成本则作为不同交通方式之间的转换而计入等待时间成本中。

然后，计算通勤时间成本。

本章节计算通勤时间成本中引入交通可达性，借助 ArcGis 空间分析软件，利用成本加权距离法，基于平均出行时间作可达性评价，从而计算通勤时间成本。由于本章节所做的研究是基于特定交通小区的个体化的调查资料，所以这里的交通可达性是指一个点的交通可达性（时间），是指在一种特定出行目的下，该点（某一交通源小区）到该类出行目的所有吸引点（其他所有交通小区）的交通方便程度（以时间表征可达性）的总和。

采用加权成本距离分析法计算每一个交通源小区到其他所有交通小区的时间成本，采用节点、连线计算法则，充分考虑了不同交通方式的速度区别，引入了交通网络分析的概念和分析方法，运用迭代计算，在得出源对象到其他对象的所有可能路径累积时间成本的基础上，核算和采用平均的累积时间成本。

可达性计算的数据处理如下：

根据南京市 6 条地铁线路的长度，和某一时段百度地图的全程出行耗时，得到每条地铁线路的平均运行速度，最终地铁平均速度按 35 km/h 计算。

表 6—6　　　　　　　　南京地铁线路运行速度及信息

	1	2	3	10	S1	S8
长度（km）	38.9	37.59	44.9	21.6	35.8	45.2
运行时间（min）	70	68	79	39	50	73
运行速度（km/h）	33.3	33.2	34.1	33.2	43.0	37.2

注：截至 2017 年 10 月南京已经开通 9 条地铁线路。但是由于本章节中其他相关数据均为 2013 年的数据，所以这里只截取截至 2013 年南京已开通的 6 条地铁数据资料。

由于出行交通方式的不同，行驶速度也会相应存在差别。相关学者的研究表明，在同等条件下，公交车的行驶速度会比私家车慢 10km/h[42]，根据研究结果本章节在可达性计算中采用的行驶速度和时间消费成本如表 6—5、表 6—6 和表 6—7 所示。由于本章节研究范围为南京市中心城区，所以未考虑地形因素如海拔、坡度等对通勤速度的影响。成本值表征移动10km所需要的分钟数。

表6—7　　　　　　　　不同等级路网中的行驶速度

	快速路	主干路	次干路	支路	地铁
私家车速度（km/h）	80	60	40	30	/
公交速度（km/h）	70	50	30	20	35

表6—8　　　　　　　　不同出行方式的时间价值系数表

cost	快速路	主干路	次干路	支路	地铁	一般水系	大型水系
私家车	8	10	15	20	/	500	1000
公交	8.6	12	20	30	17	500	1000

由可达性分析可以得到公交出行和私家车出行两种不同的消费面，并进一步选取具有房价数据的282个交通小区作为源对象，分别计算它们在公交和私家车两个消费面下的可达性，最后使用Arc GIS中的栅格数据统计功能，得到每个源对象到其他所有交通小区的平均时间，共计564个数据。

本章节把每个交通小区的平均可达性时间作为该交通小区居民单程出行的平均时间，并通过计算得到每个家庭的总通勤时间。

家庭总通勤时间 = 户均就业人口（1.45人/户）× 单程通勤时间 × 2

计算结果显示，南京市居民公交出行的平均通勤时间为48分钟，私家车出行的平均通勤时间为45分钟。

最后，依据人均月可支配收入对时间成本进行货币化。

人均小时工资按人均月可支配收入除以每月工作22天，每天工作8小时得到。世界银行对时间货币化的推荐系数为：商务、工作出行的时间成本系数为1.33，上学出行时间成本系数为0.15，其他非工作出行时间成本系数为0.30。按照1.33的时间成本系数来计算通勤时间成本：

通勤交通时间成本 = 家庭总通勤时间 × 1.33 × 小时工资收入

2. 家庭原单位法的交通货币成本计算

家庭原单位法的交通成本计算采用较为简单的方式。分为公交出行和小汽车出行两种，公交出行按每个家庭每月174元计算（每人120元，每户通勤人口1.45人），小汽车出行按每月1400元计算（由购置成本、燃油费、年保险、停车费等费用平均得出）。

在本章节中将交通可支付能力指数划分为五类（见表6—9）。

表6—9　　　　　　　　交通负担能力指数分类

支出收入百分比	10%—12%	12%—15%	15%—17%	17%—20%	20%以上
负担情况	基本无负担	可承受负担	有一定负担	较大负担	负担较重

按照上述方法，排除家庭、个体出行目的和就业选择对交通成本的影响，以每一个交通小区到所有小区的平均通勤时间来表征交通时间成本，通勤以往返时间计算。按照计算结果南京居民公交出行的平均通勤时间为48分钟，私家车出行的平均通勤时间为45分钟，由于在可达性分析中，没有考虑公共交通出行的等待和换乘的时间成本，因此，为了更加合理地计算居民出行的时间成本，在公交出行的时间成本货币化过程中，加入20分钟等待和换乘的时间。这样，以居民公交出行的平均通勤时间为68分钟，私家车出行的平均通勤时间为45分钟核算居民的交通时间成本，再计算出南京居民交通负担能力（见表6—10）。

表6—10　　　　　南京不同收入层次家庭的交通负担能力

家庭分类	低收入	中等收入		高收入		加权平均值
	选择公交出行家庭	选择公交出行家庭	选择私家车出行家庭	选择公交出行家庭	选择私家车出行家庭	
交通负担	0.16	0.13	0.18	0.12	0.13	
占比	20%	40.5%	19.5%	13.5%	6.5%	
						0.144

依然按照低收入、中等收入和高收入三类家庭与公交出行和私家车出行两类出行方式综合考察居民收入和出行方式两个维度，可见，低收入家庭的交通负担有一定压力（由于考虑到低收入家庭的收入状况可能无力承担私家车购置成本和使用成本，本章节仅以公交出行作为低收入家庭的出行方式，这里不考虑低收入家庭私家车出行这一类情况，不计算私家车出行在低收入水平下的负担状态），而中等收入家庭如果选择私家车出行会感觉负担较重。加权平均后，居民总体平均交通负担为0.144，处于可承受范围内，但是，居民中依然有39.5%的家庭（低收入家庭公交出行和中等收入家庭私家车出行的总和）交通负担超出可承受范围，有一定负担。

四 家庭原单位法的南京居民住房与交通综合可支付能力分析

万胲莲、翟国方、何仲禹等提出采用对居民家庭住房与交通综合可支付能力进行判断，他们以60%作为判断是否可以承受的界限。这一五分法和60%的标准界限是借鉴了美国学者的研究结论。在美国的相关研究中，学者以30%作为居民住房可承受的界限标准，以15%为交通可承受的界限标准，加总后45%作为居民综合负担可承受界限。但是，美国学者的交通成本的计算只计算了交通的货币成本，与此不同，万胲莲、翟国方、何仲禹等在计算交通成本时，加入了时间成本的负担概念，因此以60%作为判断是否可以承受的界限标准。在本章节研究中，借鉴万胲莲、翟国方、何仲禹等提出采用五分法（表6—11），住房与交通综合可支付能力的分析采用60%标准作为判断是否可以支付的标准界限，60%表示居民家庭将收入的60%用于住房和交通综合支出，剩余大约40%甚至更多用于其他生活消费，这表明综合负担比较轻微。同理推论，当居民家庭把占到收入的80%、100%、120%、120%以上用于住房和交通综合支出，那么用于其他生活消费的比例越来越少，这表明家庭的综合负担处于较重、极重、难以负担、严重超出负荷的状态。如表6—11所示：

表 6—11　　　　　　　住房和交通综合负担能力分类

支出收入百分比	60%以下	60%—80%	80%—100%	100%—120%	120%以上
负担情况	轻微负担	负担较重	负担极重	难以负担	严重超出负荷

结合住房负担和交通负担的计算结果，综合负担能力如表 6—12 所示。综合考察居民收入（三个层次）、住房市场上的住房分类（新房、二手房、租房）和出行方式（公交出行和私家车出行）三个维度，可以得到"低收入家庭—公交—新房""低收入家庭—公交—二手房""低收入家庭—公交—租赁房""低收入家庭—私家车—新房""低收入家庭—私家车—二手房""低收入家庭—私家车—租赁房"；"中等收入家庭—公交—新房""中等收入家庭—公交—二手房""中等收入家庭—公交—租赁房""中等收入家庭—私家车—新房""中等收入家庭—私家车—二手房""中等收入家庭—私家车—租赁房"；"高收入家庭—公交—新房""高收入家庭—公交—二手房""高收入家庭—公交—租赁房""高收入家庭—私家车—新房""高收入家庭—私家车—二手房""高收入家庭—私家车—租赁房"共计应是 18 种情形组合。由于考虑到低收入家庭的收入状况可能无力承担私家车购置成本和使用成本，本章节仅以公交出行作为低收入家庭的出行方式，这里不考虑低收入家庭私家车出行这一类情况，不计算私家车出行在低收入水平下的负担状态，所以一共是六种类型家庭的共计 15 种情形组合。

首先计算六类家庭的分类指数，共得出 15 组关于南京居民住房和交通综合负担能力的数据（见表 6—12）。

然后再利用各类家庭所占的比例以及公交出行和私家车出行的比例，通过加权平均的方法得到每一类住房的综合指数（见表 6—12）。2013 年南京城市居民平均每百户家庭中年拥有私家车 32.5 辆（32.5%）（《2013 年南京统计年鉴》），根据这一数据，这里把公交出行和私家车出行的比例定为 32.5%∶67.5%。

表6—12　南京居民交通和住房综合负担能力指数（H & TAI）

家庭分类	出行方式分类	新房	二手房	租房
低收入家庭（20%）	公交（不考虑私家车出行）	1.48	1.07	0.74
中等收入家庭（60%）	公交	1.11	0.81	0.49
	私家车	1.16	0.86	0.54
高收入家庭（20%）	公交	0.53	0.45	0.31
	私家车	0.54	0.46	0.32
加权平均值		1.07	0.79	0.48

对照住房和交通综合负担能力的分类指标值（表6—11）来具体分析南京居民的综合负担可承受能力：

第一，从综合可支付水平看，对低收入家庭的研究分为3种不同的情景：（1）新房；（2）二手房；（3）租房。其不同情景的平均负担水平分别为1.48、1.07、0.74，即对低收入家庭来讲，仅租房的综合负担处于可承受范围内。

第二，对选择公交出行的中等收入家庭来讲，购买新房的家庭平均综合负担水平是1.11，购买二手房的家庭平均综合负担水平是0.81，租房家庭平均综合负担水平是0.49，购买二手房和租房的平均负担属于可支付范围，购买新房对于选择公交出行的中等收入家庭显得负担较重。而对选择私家车出行的中等收入家庭来讲，住房与交通可综合支付能力分析，新房、二手房、租房三种不同情景的平均综合负担水平略高于公交出行的中等收入家庭，分别为1.16、0.86、0.54，购买二手房和租房的平均负担基本处于可支付范围内。

第三，选择公交出行的高收入家庭，新房、二手房、租房三种不同情景的平均综合负担分别为0.53、0.45、0.31；选择私家车出行的高收入家庭，新房、二手房、租房三种不同情景的平均综合负担分别为0.54、0.46、0.32。从这一组数据可以看出，不论是选择公交出行还是选择私家车出行方式，高收入家庭购买新房都不存在综合负担，对于二手房和租房来讲，综合负担相对更轻。

第四，从总体来看，新房综合可支付能力指数是1.07，说明南京居民对于新房的综合负担能力很重,其中占比80%的低收入人群和中等收入人群,难以支付购买新房的综合负担。二手房综合可支付能力指数是0.79,虽然处于可承受的范围,但是存在一定的压力,其中低收入阶层依然无法承担购买二手房的综合负担。租房的综合可支付能力指数是0.48,表明对于租房来讲,中心城区能基本达到60%以下全覆盖,综合负担相对轻,对所有家庭来说租房不存在综合负担。

从低、中、高不同收入水平的交通和住房综合支付能力来看,低收入家庭的住房和交通的综合支付能力很弱,只能承受租房+公交的综合负担,难以负担购买新房和二手房。中等收入阶层对于购买新房,综合负担处于不可承受范围,可以承受购买二手房和租房负担。对于高收入阶层,购买新房、二手房都处于可支付范围,基本不存在较重的综合负担。

第五,与采用剩余收入法计算的居民住房可支付能力(MHAI)相比,研究结果基本是相符的。

第三节　个体化家庭交通与住房综合可支付能力研究

一　个体化交通调查中居民的收入状况

交通调查中居民的收入状况来源于2013年10月南京市居民交通出行调查的问卷数据。该调查选取工作日(周三)对南京市8个区(除六合区)的住户进行了随机抽样入户调查,其中原主城区鼓楼区、玄武区、秦淮区、建邺区、栖霞区、雨花台区六区中抽取35个街道,浦口区、江宁区两个外围区抽取5个街道,共计40个街道得到样本1999户,5930人,有效数据5864人,数据15389条。

对调查区域的南京居民的收入状况进行统计分析(表6—13)。个体化交通调查问卷中将家庭年收入分为:少于1万;1万—2万;2万—5万;5万—10万;10万—15万;15万—20万;大于20万,共计七个层次。按照当年的户均人数(2.68人/户)计算7个层次的家庭人均年收入。本次调查共得到关于居民收入的有效样本1787户。如果把交通调查的问卷数据中的居民收入状况,依照当年南京统计年鉴中对家庭收入水平的划分标准,将家庭收入划分为低收入、中等偏下、中等、中等偏上和高收入五个层次,结果显示,被调查家庭的收入水平以中等偏下为主、中等收入次之,低收入和中等偏上收入较少,无高收入组群。

表6—13 调查区域内南京市居民家庭收入状况分析

分层	户均年收入（元）	人均年收入（元）	户数	占比	对应当年统计年鉴居民可支配收入分层
1	少于1万	少于3732	45	2.5%	低收入组（人均低于18675元）
2	1万—2万	3732—7463	220	12.3%	低收入组（人均低于18675元）
3	2万—5万	7463—18657	701	39.2%	低收入组（人均低于18675元）
4	5万—10万	18657—37313	524	29.5%	中等偏下收入组（人均18675元）
5	10万—15万	37313—55970	183	10.2%	中等收入组（人均28421—36494元）
6	15万—20万	55970—74627	56	3.1%	高收入组（人均75497元）
7	20万以上	多于74627	58	3.2%	高收入组（人均高于75497元）

分别截取每一收入区间的中位数(1万、1.5万、3.5万、7.5万、12.5万、17.5万、20万)为标准,加权平均得到不同交通小区的平均家庭年收入,处于当年统计年鉴中对家庭收入水平的划分标准的中等收入组水平。并进一步计算得出小区每户家庭月平均收入为8039元。这一均值处于当年统计年鉴中对家庭收入水平的划分标准的中等收入水平。

二 交通成本和交通可支付能力计算

1. 交通时间成本

在南京市居民交通出行调查的问卷数据中包含了居民每次出行的出发时间、到达时间和出行目的的内容。本章节的交通成本计算只涉及通勤交通成本,因此按照居民出行的目的提取了所有以工作和回程为目的的出行次序以及出行时间和到达时间,并分别按照个体和家庭的顺序,统计了每个家庭的日通勤出行时间,并以交通小区为空间单元得出每个交通小区的家庭平均通勤时间。统计共有131个交通小区拥有交通时间成本数据,从居民的出行调查中可以统计出,各交通小区的人均通勤出行用时为74分钟/天(与家庭原单位法计算的通勤时间相近)。

根据交通调查中的家庭收入数据可得到人均小时工资收入（约17.04元），并最终计算得出每一个交通小区的时间成本。交通时间成本=家庭总通勤时间×1.33×小时工资收入，时间成本货币化大约为1677.4元。

2. 交通货币成本

根据居民出行记录中每次出行的交通方式和交通目的，提取所有以工作和回程为目的的出行次序，按公交车单次1.2元，打车单次15元，地铁单次4元，摩托车平均每月200元，小汽车每月1400元（燃油费和停车费共932.14元，再加上购置成本损耗和保险费），计算统计每个家庭的日交通成本支出，按每月22个工作日，计算得出每个家庭每月的交通费用支出，并按交通小区统计，得到每一个交通小区家庭每月的平均交通货币支出。被调查者的人均交通月支出为190元，主城居民的交通直接货币支出相对较低，以100元以下和100—200元区间为主，主城外围，雨花台区、浦口区的货币支出相对较高，以200—400元为主，部分区域交通月直接支出超过600元每人。

从家庭交通总支出看，调查区域平均家庭交通月支出为1877元/户，以1500—2500元为主。

可见，调查区域的南京居民的交通可支付能力为23.35%，高于家庭原单位法计算的交通可支付负担水平（14.4%）。

三 住房成本和住房可支付能力计算

和家庭原单位法的计算一样，个体化交通调查中的住房成本依然采用每月住房支出进行计算。把住房分为三种类型：新房、二手房、租房。租房按每月租金计算支出。从南京房地产交易中心网站上以及搜房网、我爱我家、链家等房地产经纪机构网站收集二手房和市场化租赁房的数据，分别获知交通调查中所覆盖的不同交通小区内或者是相近区域住房的平均销售单价。所统计的各区的新房平均价格为23123元/m^2，二手房的平均价格为18531元/m^2，租赁房屋价格为2615元/月。按照中等收入居民的住房面积标准，计算总房价和每月的按揭还款支付额。按揭贷款还是采用等额本息还款法。最终住房成本用每月按揭还款额和租金表示。

计算的结果显示，调查区域的南京居民家庭的二手房住房支付负担水平为62.48%，与家庭原单位法计算的结果基本相近。如果依然以30%作为住房可支付标准进行比照，从现状调查看，调查区域南京居民的二手房的住房负担较重，处于负担极重水平。从租房角度看，调查区域南京居民的平均可支付能力为29.92%，稍高于可支付标准，其住房负担相对较轻。

四 基于交通调查截面数据的南京市居民交通与住房综合可支付能力

从调查区域居民的交通和住房综合支付能力来看，居民二手房的综合支付能力为85.83%，租赁住房的综合支付能力为53.27%，二手房月综合支出为6900元，租房的住房与交通月平均支出为4283元，可见，二手房的住房和交通的综合支付能力很弱。这和家庭原单位法研究结论是相一致的，中等收入阶层对于购买二手房，综合负担处于不可承受范围，购房对大多数家庭来说仍然是难以承受的负担，只能承受租房的综合负担，难以负担购买新房和二手房。

将居民交通与住房综合可支付能力指数（H & TAI）与采用剩余收入法计算的居民住房可支付能力（MHAI）相比较，我们发现研究结果基本是相符的。剩余收入法计算的结果（MHAI）显示，2013年南京市居民中60%的居民对于本层标准住房可得性弱，对应的低收入家庭、中等偏下收入家庭和中等收入家庭在满足家庭的基本生活需求之后的剩余收入不足以支付购买住房的消费，可能会产生"住房引致贫困"的非正义现象。而家庭原单位法住房与交通综合可支付能力指数（H & TAI）的研究结果更显示：20%的低收入群体和60%的中等收入阶层对于购买新房的可支付能力都处于不可承受范围，即有80%的居民对于本层标准住房可得性非常弱，购买新房会严重影响80%居民的基本生活质量，甚至是造成贫困。而且，加入了通勤成本之后的居民交通与住房综合可支付能力指数（H & TAI）的研究结果显示，不能有效实现住房权利的居民家庭比例增加了20%，说明现代城市中，交通成本加重了居民的住房综合负担。

第七章

南京市居民交通与住房可支付能力空间分析

上一章节基于特定交通小区的个体化的调查资料,通过对南京市居民的住房与交通可支付能力指数的研究,探析南京市中心城区不同交通小区的居民家庭的住房与交通综合可支付能力。本章节借助 ArcGIS 空间分析软件,从不同交通小区和行政区划的微观视角,分新房、二手房、租房三种情形,对城市内部住房与交通综合可支付能力水平的空间分布进行比较分析,并从空间差异的角度来分析住房正义问题。

第一节 交通成本及交通可支付能力的空间分布

一 交通成本空间分布特点

1. 分交通小区居民通勤时间和交通成本空间分布

在上一章节的交通成本研究中,采用交通可达性计算被调查家庭的一日公交和一日私家车通勤时间,以调查问卷所覆盖的交通小区为单位,排除了家庭、个体出行与就业选择对交通成本的影响,以每一个交通小区到达所有小区的平均通勤时间来表征交通时间成本,通勤以往返时间记。结果显示,南京市公交出行者的平均通勤时间为48分钟,私家车出行者的平均通勤时间为45分钟。

南京居民通勤时间的空间分布如图7—1中所示。

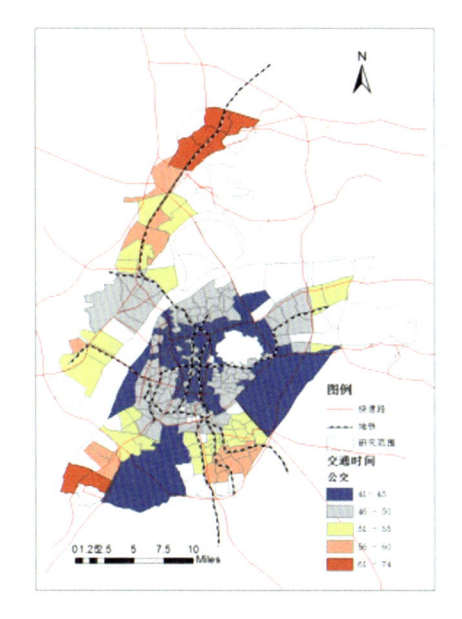

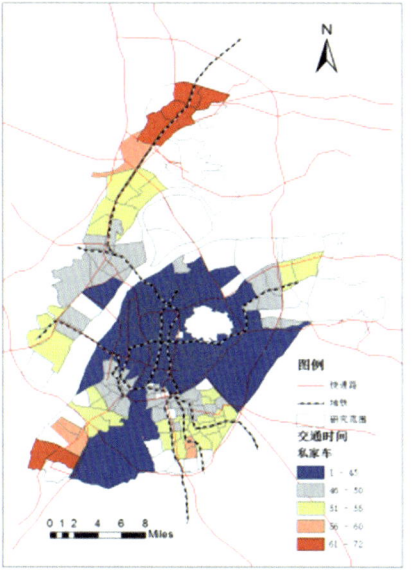

(1) 南京市居民一日公交通勤时间　(2) 南京市居民一日私家车通勤时间

图 7—1　南京市居民通勤时间空间分布

交通时间成本按照小时平均工资（17.04 元/时）转化成货币成本，加上交通货币成本（交通货币成本计算采用直接给定的方式，分为公交出行和小汽车出行两种，公交出行按每个家庭每月 174 元计算，私家车出行按每月 1400 元计算），得出交通成本总额，公交车出行的平均交通成本为 1523 元，私家车出行的平均交通成本为 2207 元。其空间分布见图 7—2 所示。

2. 分行政区划居民通勤时间和交通成本空间分布

按照南京 8 个城区划分，分别考察南京市各个区的居民通勤时间和交通成本（表 7—1）。

表 7—1　　　　　　　南京市分区划居民家庭交通成本

区划	公交通勤时间	公交通勤月交通支出	私家车通勤时间	私家车通勤月交通支出
鼓楼区	44	1489	42	2174
玄武区	45	1516	41	2132

续表

区划	公交通勤时间	公交通勤月交通支出	私家车通勤时间	私家车通勤月交通支出
秦淮区	45	1497	43	2165
建邺区	47	1553	45	2264
栖霞区	48	1545	46	2246
江宁区	49	1574	47	2215
浦口区	52	1578	49	2293
雨花台区	56	1697	54	2443
六合区	62	1773	60	2427

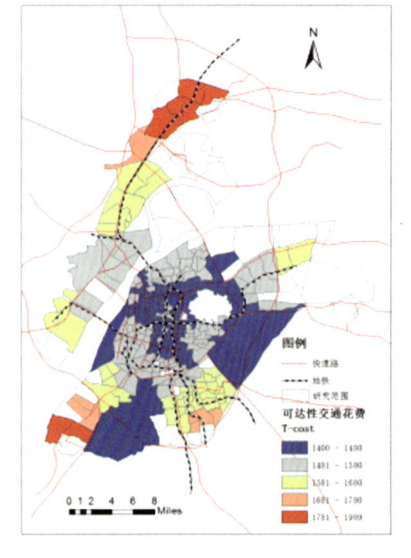

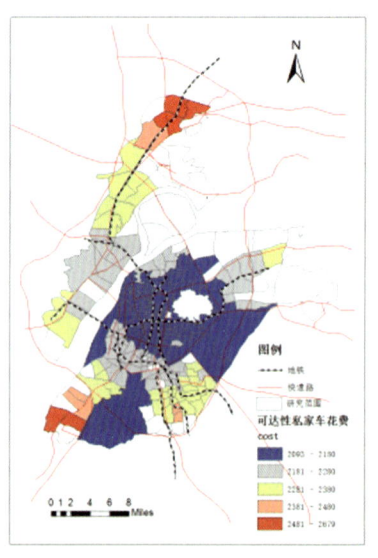

（1）南京居民公交出行月交通支出　　（2）南京居民私家车出行月交通支出

图7—2　南京居民月交通支出空间分布

分行政区划的居民一日公交和一日私家车通勤时间和通勤成本的空间分布如图7—3、图7—4所示。

第七章　南京市居民交通与住房可支付能力空间分析

（1）公交通勤时间　　　　　　（2）私家车通勤时间

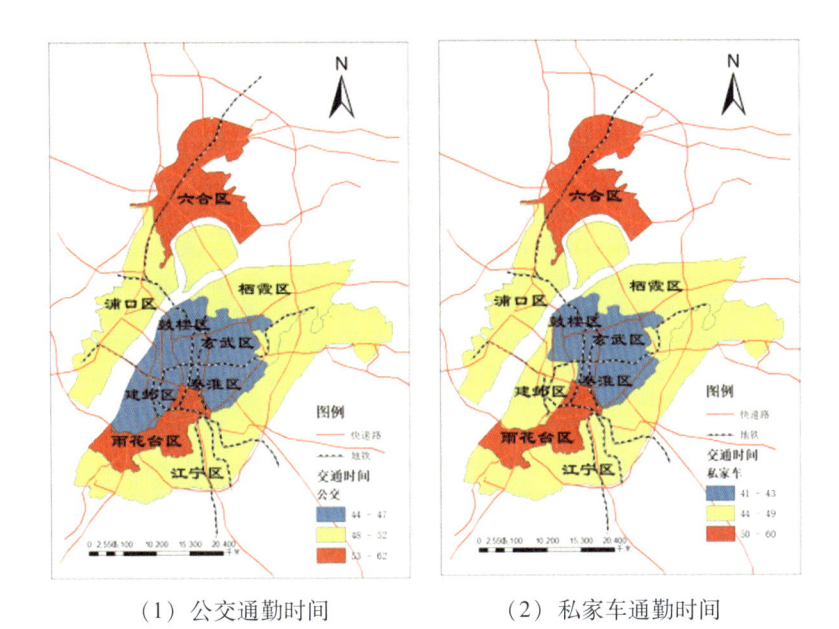

图7—3　南京市分区划各区居民的一日通勤时间空间分布

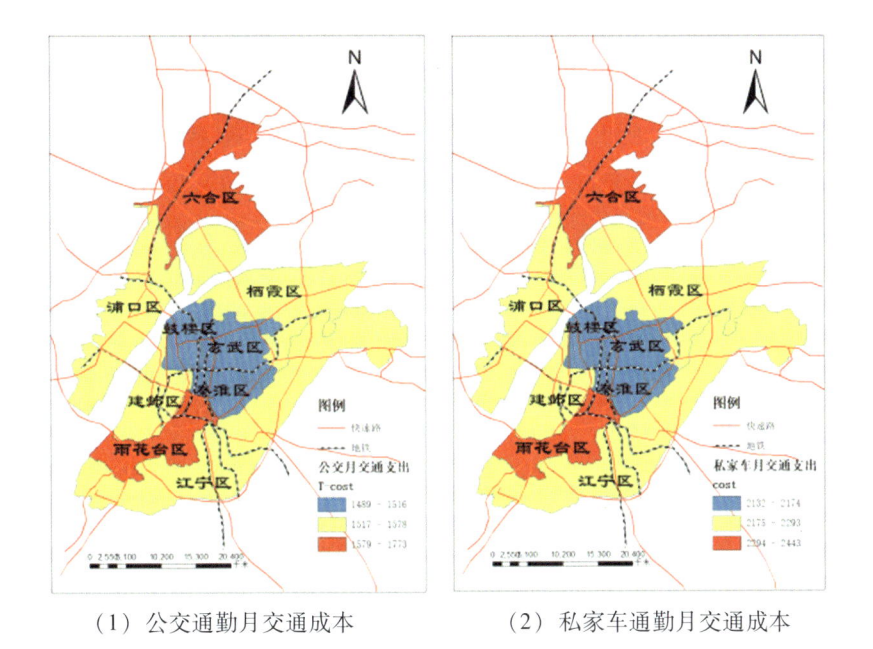

（1）公交通勤月交通成本　　　　（2）私家车通勤月交通成本

图7—4　南京市分区划各区居民月交通成本空间分布

3. 交通时间和交通成本空间分布的特征分析

从分行政区和交通小区的交通时间的空间分布看，南京市居民一日通勤时间呈现出由主城向外围城区逐渐递增的环状结构，公交和私家车出行的低时间成本区域主要集中在主城，即鼓楼、建邺、秦淮、玄武和雨花台区的东北部，而板桥、东山、仙林、浦口和六合等区域的通勤时间则相对较高，特别是六合和板桥地区，通勤时间达到 60 分钟以上。此外，公交和私家车出行的内部时间成本空间差异主要体现在主城范围内，即在主城范围内，私家车能基本实现 45 分钟通勤圈，但公交车只能基本实现 50 分钟全覆盖。

从居民的月交通支出空间分布看，由于未受到直接货币支出的影响（货币成本由于没有根据出行距离度量，而是根据出行方式直接给定），因此公交车与私家车出行的费用空间差异与时间成本空间差异相似，也呈现出由主城向外围城区逐渐递增的环状结构特征。

二 交通可支付能力空间分布

根据前文所述的方法，从居民收入和出行方式两个维度，对调查区域的南京居民的交通可支付能力进行统计分析，依然按照居民的可支配收入把居民家庭分为低收入家庭、中等收入家庭和高收入家庭，除去低收入家庭外，每一类家庭按照出行方式分为两类：公交出行和私家车出行，共分五大类。

1. 分交通小区居民家庭交通可支付能力空间分布

以调查问卷所覆盖的交通小区为单位，考察南京市居民的交通可支付能力的空间分布特点，如图 7—5 所示。

2. 分行政区划居民家庭交通可支付能力空间分布

按照行政区划划分分别考察南京市居民家庭交通可支付能力（见表 7—2）。

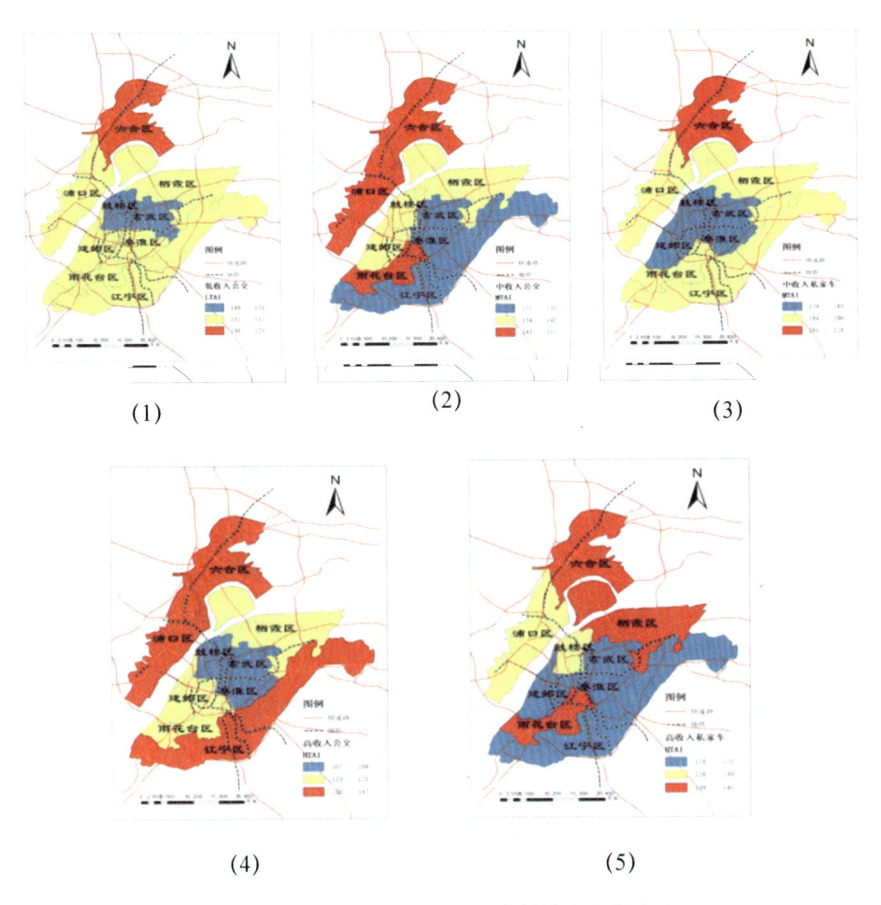

图 7—5　南京市居民交通可支付能力空间分布

注:(1) 低收入家庭公交出行;(2) 中等收入家庭公交出行;(3) 中等收入家庭私家车出行;(4) 高收入家庭公交出行;(5) 高收入家庭私家车出行。

表 7—2　　　　　　南京市分行政区划居民家庭交通可支付能力

区划	低收入公交	中等收入公交	中等收入私家车	高收入公交	高收入私家车
鼓楼区	0.151	0.137	0.179	0.109	0.135
玄武区	0.149	0.133	0.183	0.107	0.118
秦淮区	0.153	0.129	0.179	0.109	0.125
建邺区	0.154	0.135	0.181	0.116	0.123
栖霞区	0.154	0.142	0.189	0.117	0.140
江宁区	0.153	0.135	0.181	0.116	0.123

续表

区划	低收入公交	中等收入公交	中等收入私家车	高收入公交	高收入私家车
浦口区	0.157	0.157	0.193	0.136	0.138
雨花台区	0.156	0.147	0.201	0.125	0.142
六合区	0.173	0.152	0.218	0.147	0.145

(1)　　　　　　　(2)　　　　　　　(3)

(4)　　　　　　　(5)

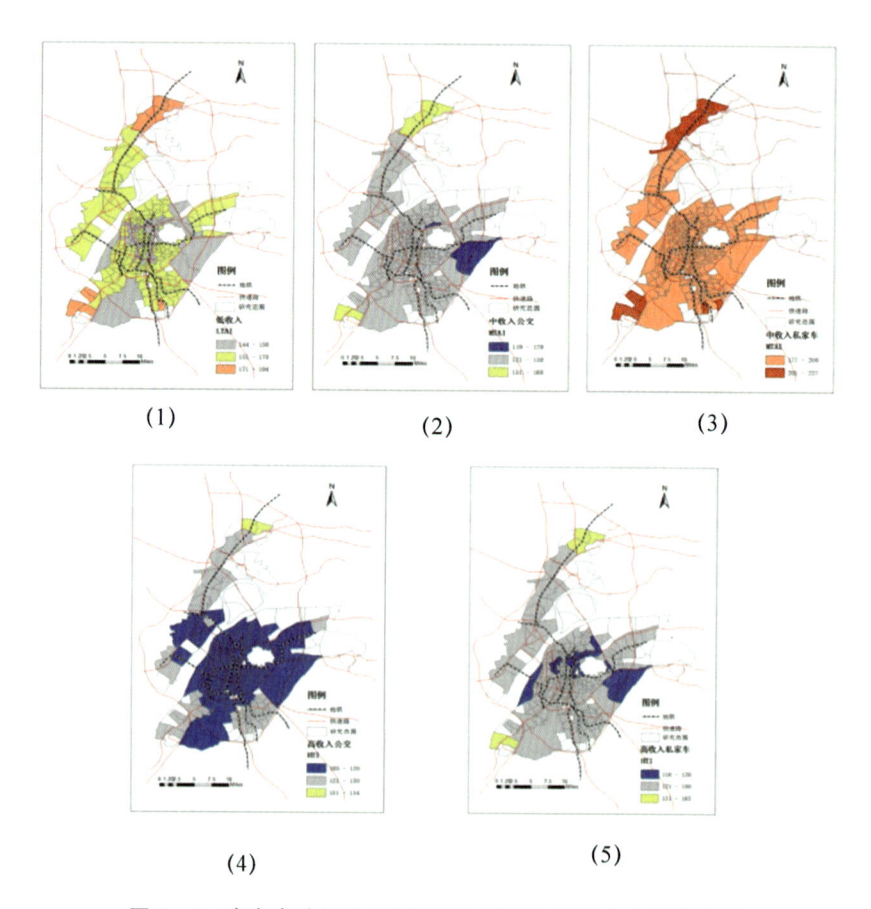

图 7—6　南京市分行政区划居民交通可支付能力空间分布图

注：(1) 低收入家庭公交出行；(2) 中等收入家庭公交出行；(3) 中等收入家庭私家车出行；(4) 高收入家庭公交出行；(5) 高收入家庭私家车出行。

3. 交通可支付能力空间分布特征分析

图 7—5（1）和图 7—6（1）显示的分别是分交通小区和分行政区

的以低收入家庭为研究对象的交通可支付能力指数。可见，低收入家庭公交出行的交通可支付能力指数，中心城区附近的小区交通可支付能力指数在14%—15%，内环线以外和以内大部分区域处于15%—17%水平，板桥新城南部以及六合地区的交通可支付能力指数相对较高，在17%—19.4%。

对于中等收入家庭来讲，如图7—5（2）、图7—5（3）和图7—6（2）、图7—6（3）所示。图7—5（2）、图7—6（2）是中等收入家庭公交出行的交通可支付能力指数空间分布。对于中等收入公交出行的家庭来讲，南京中心城区除板桥和六合的部分地区可支付水平超过15%外，其他地区的可支付水平在12%—15%，中等收入公交出行的交通负担相对较轻。图7—5（3）、图7—6（3）是中等收入家庭私家车出行的交通可支付能力指数空间分布。相较于公交出行，私家车出行的负担水平明显升高，对于中等收入家庭来讲，交通可支付水平在17.7%—20%，部分区域甚至超过了20%。

对于高收入家庭来讲，不论是选择公交出行方式还是私家车出行，在城区内的交通负担都较轻，如图7—5（4）、图7—5（5）和图7—6（4）、图7—6（5）所示。图7—5（4）、图7—6（4）是高收入家庭公交出行的交通可支付能力指数空间分布。可以看出，对于高收入家庭来说，如果选择公交出行方式，交通可支付能力指数能基本实现主城区10%到12%全覆盖，主城外围在12%—15%。高收入家庭私家车出行的交通可支付能力指数的空间分布如图7—5（5）、图7—6（5）所示，对于高收入家庭来讲，私家车出行的交通负担相对较低，除少部分区域在12%以下外，研究区主要处于12%—15%的水平，六合部分地区在15%以上。

第二节 居民家庭住房成本及住房可支付能力的空间分布

一 新房的住房成本及住房可支付能力的空间分布特征

南京市中心城区各交通小区新房平均价格空间分布及居民新房住房成本和住房可支付能力的空间分布见图7—7。

(1)　　　　　　　　　　　　　(2)

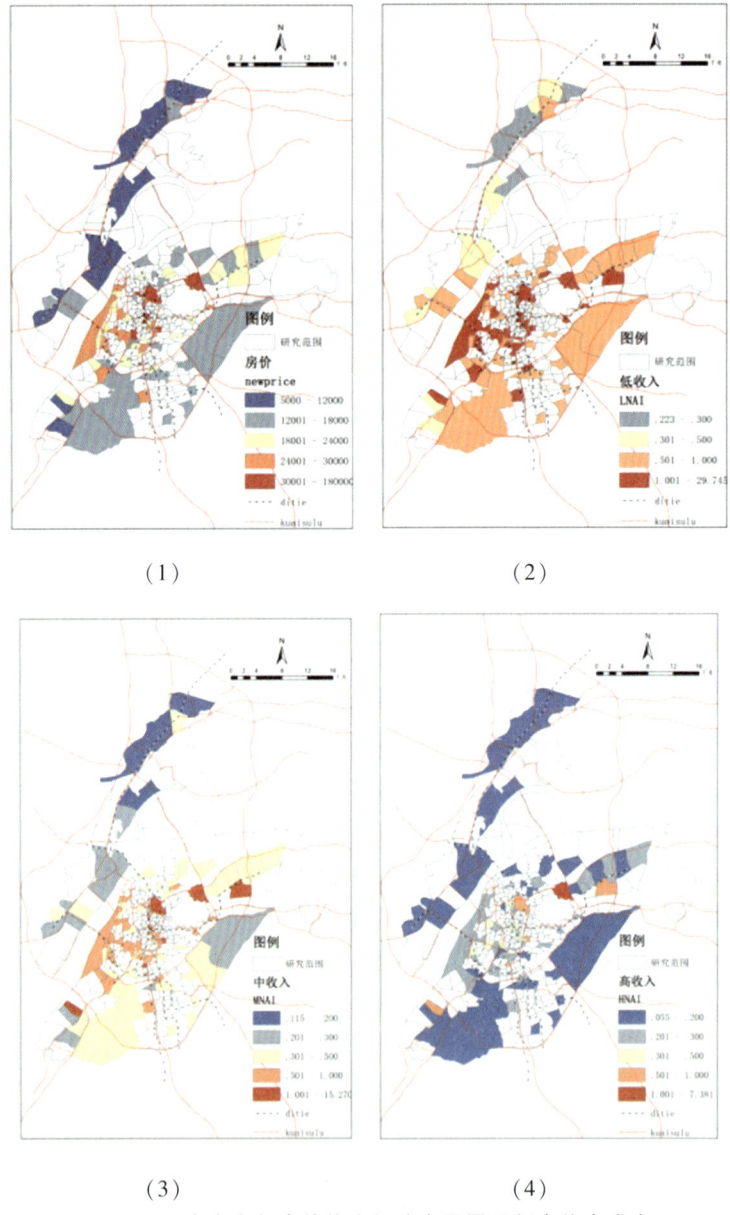

(3)　　　　　　　　　　　　　(4)

图7—7　南京市新房价格空间分布及居民新房住房成本及住房可支付能力的空间分布

注：(1) 新房价格；(2) 低收入新房负担；(3) 中收入新房可负担；(4) 高收入新房负担。

图 7—7（1）标示了南京市中心城区各交通小区新房的平均价格的空间分布状况，中心城区新房的平均价格为 23123 元/平方米。总体来看，主城以及河西地区的房价水平相对较高，以 24000—30000 元/平方米为主，部分地区在 30000 元/平方米以上。栖霞区的仙林新城次之，以 18000—24000 元/平方米为主，建邺区的板桥和江北新区的浦口、六合的房价水平相对较低，在 5000—10000 元/平方米。

从低、中、高不同收入层次的居民家庭的住房可支付能力看，低收入水平家庭的住房负担较重，仅六合区的部分小区处于可支付状态；其次浦口、六合以及板桥新城的部分地区住房负担较重，可支付水平在 30%—50%；此外，研究区范围内的长江以南小区的住房负担大多在 50% 以上，很多小区甚至超过了 1，严重超出居民家庭可承受的负荷。综上可以看出，对于低收入家庭来讲，购置新房的负担过于艰巨，即使依靠 30 年的住房贷款，仍难以实现。对于中等收入家庭来讲，浦口、六合、麒麟地区的住房负担较轻，符合 30% 的可支付标准；江宁和仙林次之，住房负担在 30%—50%；其余地区特别是河西地区和紫金山周围住房负担达到 50% 以上，少量区域超过 1。因此，对于中等收入家庭来讲，住房负担水平整体仍然较重，而住房压力也会严重影响到居民的生活质量。对高收入群体来讲，南京市大部分地区都处于可支付能力范围，除部分高端住宅外，基本不存在较重的住房负担。

二 二手房的住房成本及住房可支付能力的空间分布特征

南京市中心城区各交通小区二手房平均价格空间分布及居民二手房住房成本和住房可支付能力的空间分布见图 7—8。

南京中心城区二手房平均价格为 18531 元/平方米，低于新房平均价格，二者在空间分布上的特点没有明显差异。栖霞区的麒麟、雨花台区板桥、浦口、六合的房价相对较低，在 6000—12000 元/平方米，江宁以及宁镇公路以北地区房价在 12000—18000 元/平方米，栖霞区的仙林和主城区以 18000—24000 元/平方米为主，新街口和河西地区的房价水平最高，在 24000—45000 元/平方米。

(1)　　　　　　　　　　　　　　(2)

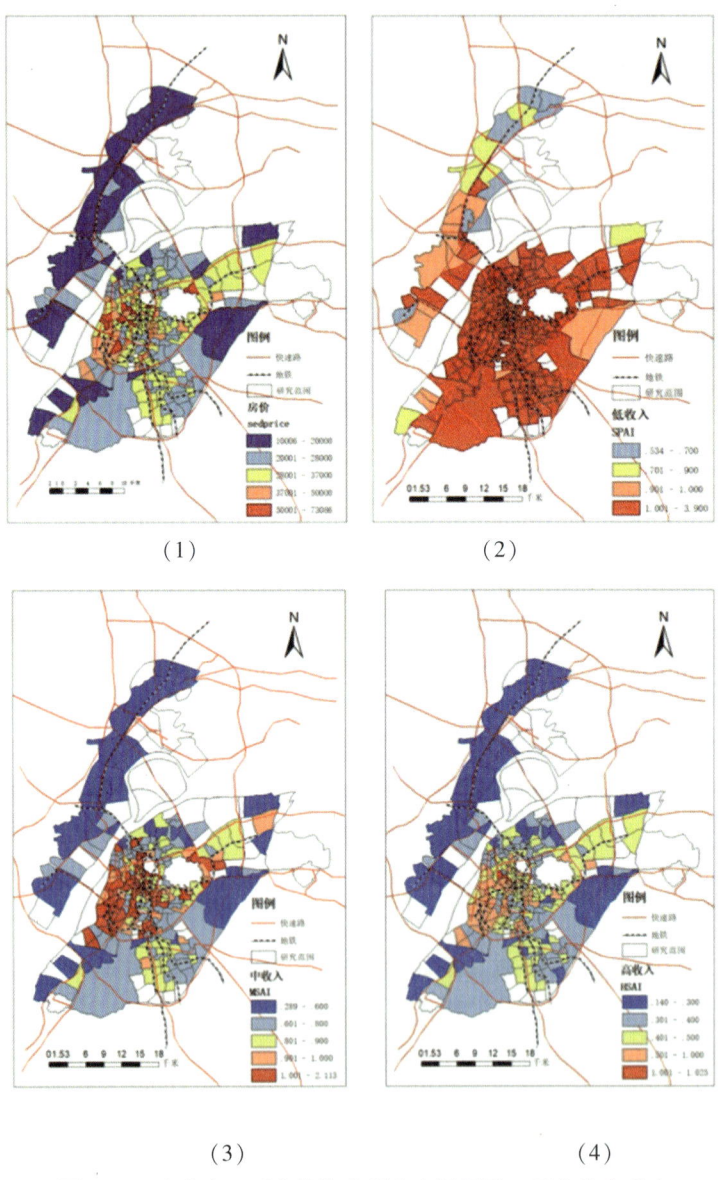

(3)　　　　　　　　　　　　　　(4)

图7—8　南京市二手房价格空间分布及居民二手房住房成本及住房可支付能力的空间分布

注：(1) 二手房房价；(2) 低收入二手房负担；(3) 中收入二手房可负担；(4) 高收入二手房负担。

从不同收入家庭的二手房住房可支付能力看：对低收入家庭来讲，全城仅有六合的少部分区域勉强达到可支付标准，主城大部分区域住房负担在50%以上，新街口区域以及河西地区的住房负担超过1。中等收入家庭如果选择在浦口、六合、麒麟、板桥等区域购买二手房，处于可支付范围内，但是在主城区域的大部分范围内以及仙林、江宁等地购买二手房，家庭负担较重，在30%—50%。新街口周边及河西地区的住房负担极重，超过50%。对于高收入家庭来讲，全城住房基本处于可负担范围内，仅有少部分区域的住房负担较重，在30%—50%。

三 租房的住房成本及住房可支付能力的空间分布特征

南京市中心城区各交通小区租房平均价格空间分布及居民租房住房成本和住房可支付能力的空间分布见图7—9。

南京市租房平均价格为2615元/月，从价格空间分布看，主城外围地区如板桥、麒麟、浦口、六合等地租金相对较低，在600—2000元/月，江宁和主城大部分地区价格稍高，在2000—3000元/月，河西和仙林地区的租金最高，在3000—5000元/月，部分甚至超过10000元。租房价格的空间格局稍异于新房和二手房，新街口地区的租房价格不再突出。虽然新街口核心地区的房价仍然相对较高，但其周围房价多数处于中等和中等偏下水平。

从不同收入水平家庭的租房可支付能力看，低收入家庭在浦口、六合、麒麟以及板桥的部分地区具有可支付能力，江宁及主城大部分地区处于负担较重水平，在30%—50%，河西和仙林地区的住房对低收入家庭来说仍难以负担。对中等收入家庭来讲，主城基本处于30%，外围皆处于20%以内的可负担范围，仅少部分租房超出可支付标准。对高收入家庭来讲，研究区范围内全部达到了20%的租房可负担标准。

(1)

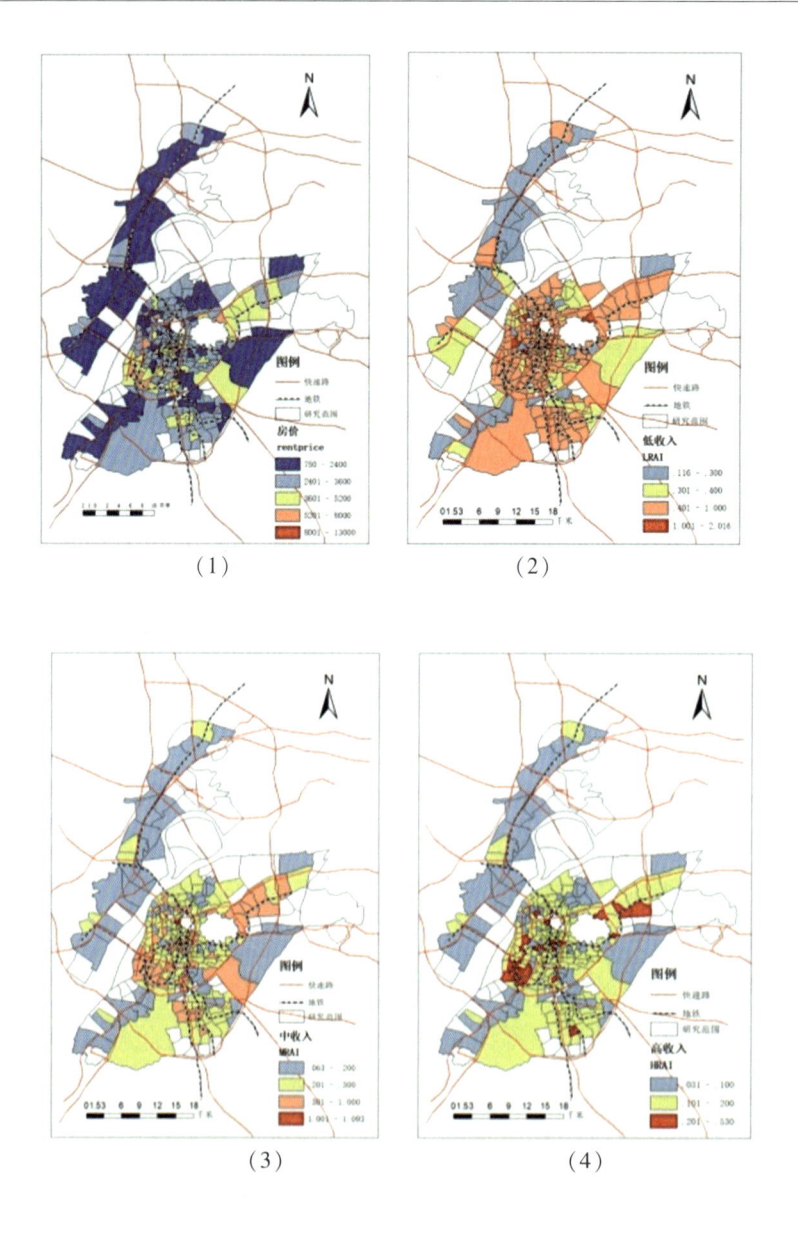

(2)

(3)

(4)

**图 7—9　南京市租房价格空间分布及居民租房住房成本
及住房可支付能力的空间分布**

注：（1）租房房价；（2）低收入租房负担；（3）中收入租房可负担；（4）高收入租房负担。

第三节 居民交通与住房综合可支付能力的空间分布

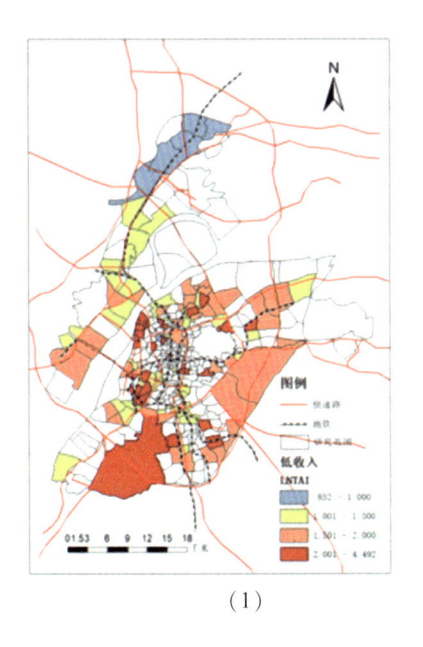

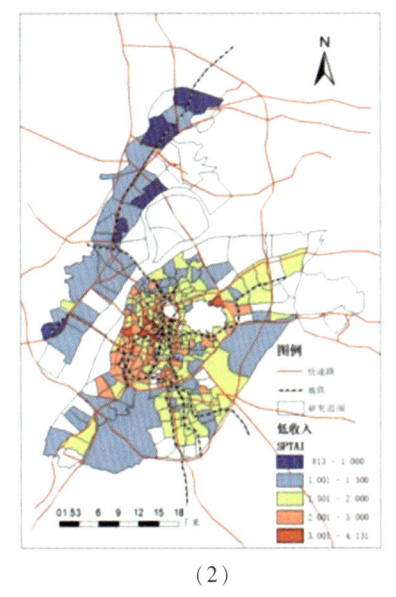

一 低收入家庭交通与住房可支付能力空间分布

如前文所述，受到收入水平的影响，在考量交通与住房可支付能力时，本书仅以公交出行作为低收入家庭的出行方式，并不考虑私家车出行在此收入水平下的负担状态。所以，对低收入家庭的综合可支付水平研究分为公交出行下的3种不同的情景：（1）新房；（2）二手房；（3）租房。其不同情形的平均负担水平分别为148%、107%、58%，由此可见，低收入家庭租房的综合负担较轻，处于可承受范围内，购买住房的负担超出了可承受的范围（图7—10）。

（1） （2）

(3)

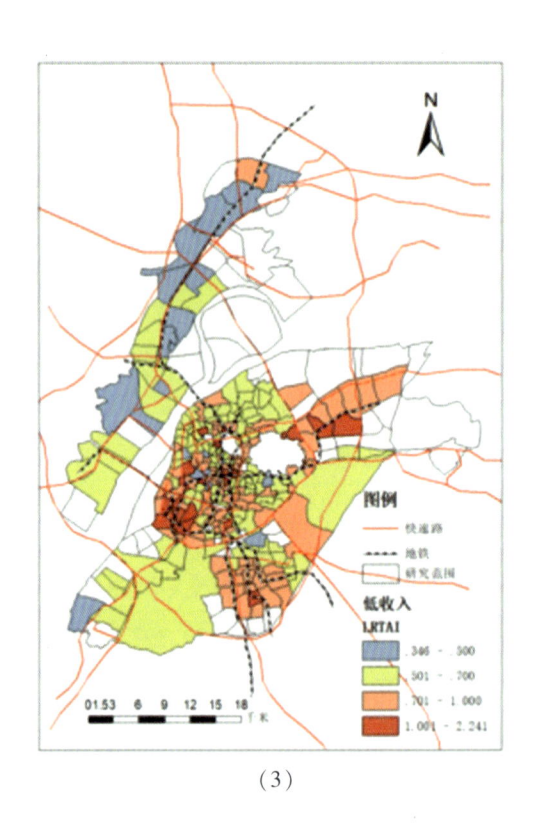

图7—10 南京市居民低收入家庭公交出行交通与住房可支付能力空间分布
注:(1)新房;(2)二手房;(3)租房。

对低收入家庭来讲,在六合和浦口部分区域购买新房的综合可支付能力处于可支付的临界60%上下,在江宁、麒麟、板桥购买新房的可支付水平介于60%—80%之间,负担比较重,如果选择在主城及仙林的大部分地区购买新房,住房成本与交通成本的综合负担已经超过1,超出可承受的范畴。从二手房情况看,空间格局类似,六合、浦口、板桥、麒麟处于80%的负担水平下,仙林和江宁地区以80%—100%的负担水平为主,主城大部分地区负担已超过100%,部分地区超过150%。低收入家庭租房,负担水平较低,大部分区域处于60%的综合负担以下,极少数地区超过1。

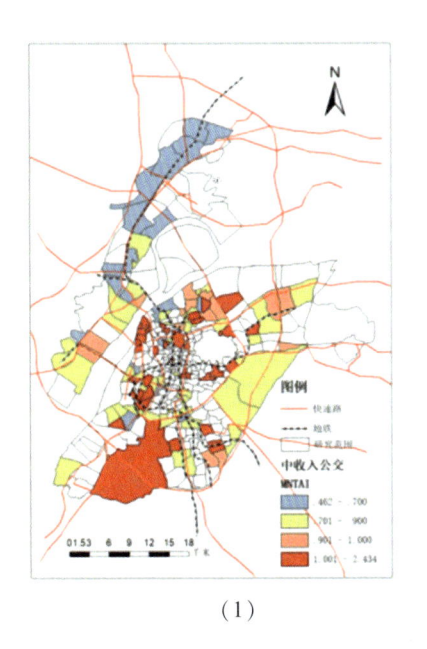

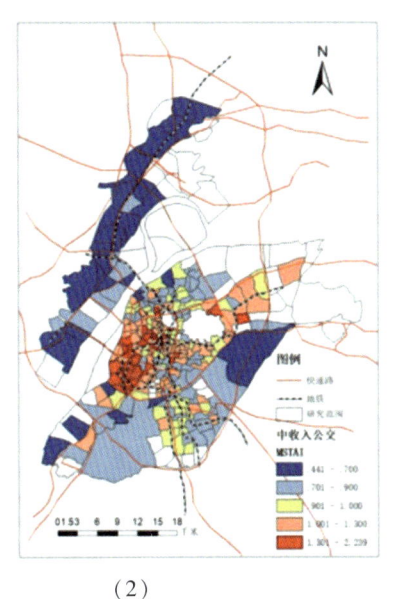

二 中等收入家庭交通与住房可支付能力空间分布

对于中等收入家庭，在考量交通与住房可支付能力时，考虑了公交出行和私家车出行两种出行方式作为中等收入家庭的出行方式，考察公交出行方式下（1）新房；（2）二手房；（3）租房的负担状态，以及私家车出行方式下的（1）新房；（2）二手房；（3）租房的负担状态，共计6种不同的情形。

公交出行方式下（1）新房；（2）二手房；（3）租房的负担状态空间分布见图7—13。

对中等收入家庭来讲，选择公交出行方式，三种不同住房模式下的综合支付能力分别为：新房综合支付能力为111%、二手房综合支付能力为81%、租房综合支付能力为49%，选择购买二手房和租房的家庭，平均负担属于可支付范围。

其具体空间分布情况见图7—11：

(1)　　　　　　(2)

(3)

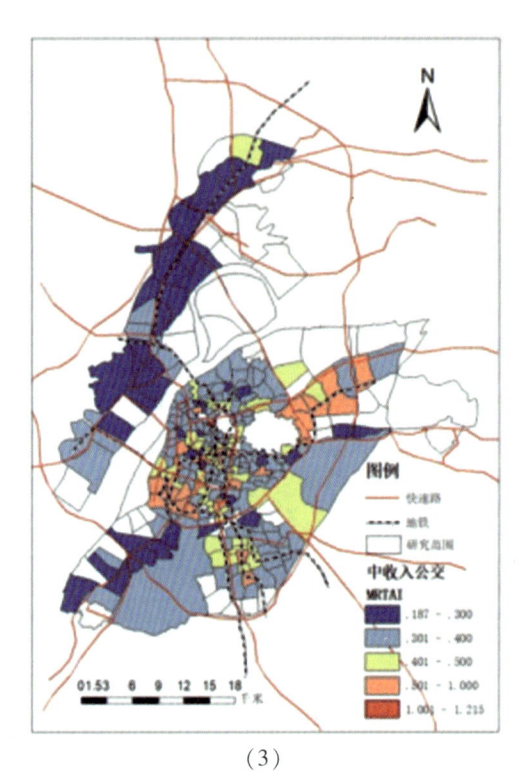

图7—11　南京市居民中等收入家庭公交出行交通与住房可支付能力空间分布

注：（1）新房；（2）二手房；（3）租房。

选择在主城外围地区购买新房的中等收入家庭，其综合可支付能力处于60%以下，河西地区以60%—80%为主，在玄武湖、紫金山等部分地区，负担超过100%。购买二手房的综合负担能力的空间分布显示了城市中心核心区—外围城区—郊区层层递减的圈层结构，如果选择在主城核心地区购买二手房，综合负担最高，在80%—100%，部分地区超过100%，如果选择在核心区外围的主城和河西大部分地区购买二手房，综合支付水平在60%—80%。如果选择在六合、浦口、仙林、麒麟、板桥、江宁购买二手房，综合负担在60%以下。从租房看，研究区基本实现了综合负担60%以下全覆盖，仅极少数小区的高端住宅使得综合负担超过1，如紫金山周围的钟山高尔夫所在小区和其他别墅区所在小区。但总体来讲，租房的可支付能力明显强于新房和二手房。

中等收入家庭选择私家车出行方式下（1）新房；（2）二手房；（3）租房的负担状态空间分布见图7—12。

对选择私家车出行的中等收入家庭来讲，住房与交通可支付能力分析也分为3个情形：（1）新房；（2）二手房；（3）租房。购买新房综合负担分别为116%，购买二手房综合负担为86%，租房的综合负担为54%，可以看出二手房和租房的平均负担基本处于可支付范围内。

其具体空间分布的特征：

对于购买新房来讲，六合、浦口、板桥、麒麟和仙林的部分地区综合负担相对较低，处于30%—60%之间，仙林的部分地区以及主城的部分地区处于60%—80%的较重负担区间，河西和中心区部分地区超过1，中等收入家庭已经难以负担。选择私家车出行的中等收入家庭，购买新房的综合负担能力变化主要体现在购买主城区的新房负担加大，购买外围城区的新房的负担能力变化并不明显。从二手房综合负担能力的空间格局看，综合支付能力呈现明显的两分格局，即主城、河西新城的综合负担能力以60%—80%为主，外围除仙林部分地区以30%—60%为主。与公交出行相比，仙林与主城的地铁沿线小区负担增加较为明显。从租房情形看，同公交出行类似，私家车出行也能基本实现60%以下的负担水平基本全覆盖。因此，对于中等收入租房的家庭来说，不论是选择私家车出行还是选择公交出行，综合负担基本一样，即交通方式并不改变家庭负担水平。由此可以看出，即使交通成本相同，租房与买房的负担差异也对居民的实际负担产生了巨大影响。

三 高收入家庭交通与住房可支付能力空间分布

同样，对于高收入家庭，在考量交通与住房可支付能力时，也是分别考察公交出行方式下（1）新房；（2）二手房；（3）租房的负担状态，以及私家车出行方式下的（1）新房；（2）二手房；（3）租房的负担状态，共计6种不同的情形。

(1)

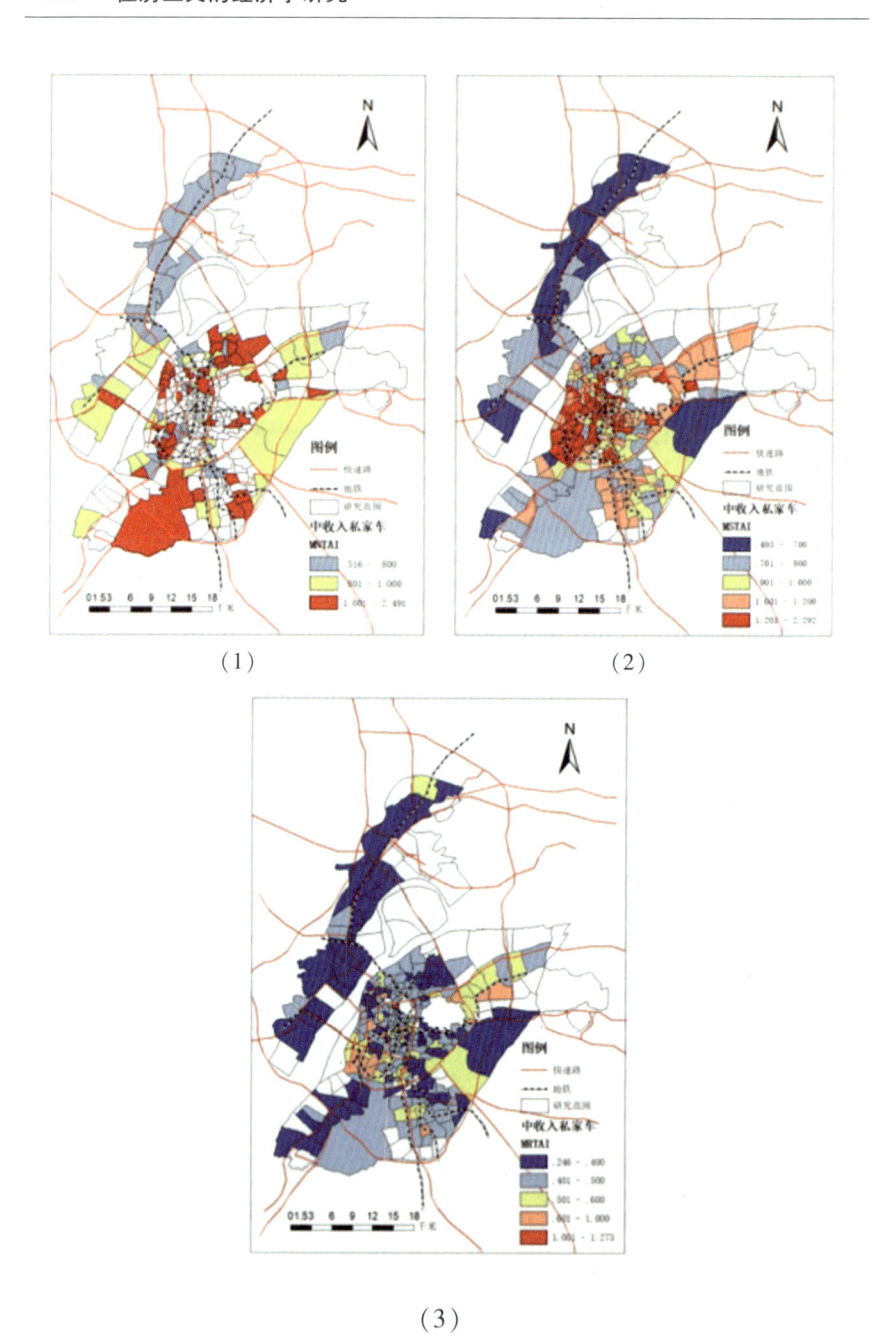

(2)

(3)

图 7—12　南京市居民中等收入家庭私家车出行交通与住房可支付能力空间分布

注：（1）新房；（2）二手房；（3）租房。

对高收入家庭来讲，选择公交出行方式，不论是购买新房，还是二手房和租房，已经不存在综合支付负担。购买新房选择公交出行，中心城区能基本达到综合负担全部低于60%。从空间差异看，中心城区、河西、仙林地区的负担仍然相对较高，超过30%，而浦口、六合、江宁、麒麟、板桥地区的负担能力较强，负担水平在30%以下。对于二手房和租房来讲，综合负担相对更轻，由于房源覆盖区域更广，因此能更清晰地反映出，对高收入家庭来说不存在综合负担问题。从内部差异看，新街口以北、河西地区的综合负担仍然相对较高，并呈现中心到外围递增的空间格局。三种不同住房类型在平均综合负担上的差距为新房53%、二手房45%、租房31%。

高收入家庭选择私家车出行方式的综合负担水平与公交出行方式下的综合负担水平基本一样，三种不同住房的平均综合负担能力分别为新房54%、二手房46%、租房32%。说明对此类家庭来讲，不论是新房、二手房都已不存在综合负担，即高收入家庭可以任意选择住房地点、住房类型和出行方式（如图7—13、图7—14所示）。从内部空间差异看，私家车出行的空间格局与公交出行的空间格局类似，综合负担呈现中心高外围低的特征，且河西新城的负担能力相对较弱。

四 基于交通与住房综合可支付能力的住房正义分析

1. 中低收入居民家庭实现居住的基本权利的综合负担较重

本书的第三章中为了更聚焦于城市居民的住房可支付能力，对于居民住房可支付能力的评价，仅考虑了不同收入层次居民的住房成本，并未考虑居住区位引致的交通成本。本章节借鉴和修正美国住房与交通可支付能力指数（H & TAI），分低收入家庭、中等收入家庭和高收入家庭三个层次，考虑地域、区位和个人因素对住房与交通综合可支付能力产生的影响，从基于可达性分析的住房与交通可支付能力入手，排除家庭选择影响对南京市居民的住房与交通的综合负担展开研究，探析南京市居民的住房与交通综合可支付能力。

家庭原单位法的研究综合考察居民收入分层（低收入家庭、中等收入家庭、高收入家庭）、住房市场上的住房分类（新房、二手房、租房）以及选择通勤交通方式（公交出行、私家车出行）三个维度，分类考察不同居民家庭的住房与交通综合支付能力。

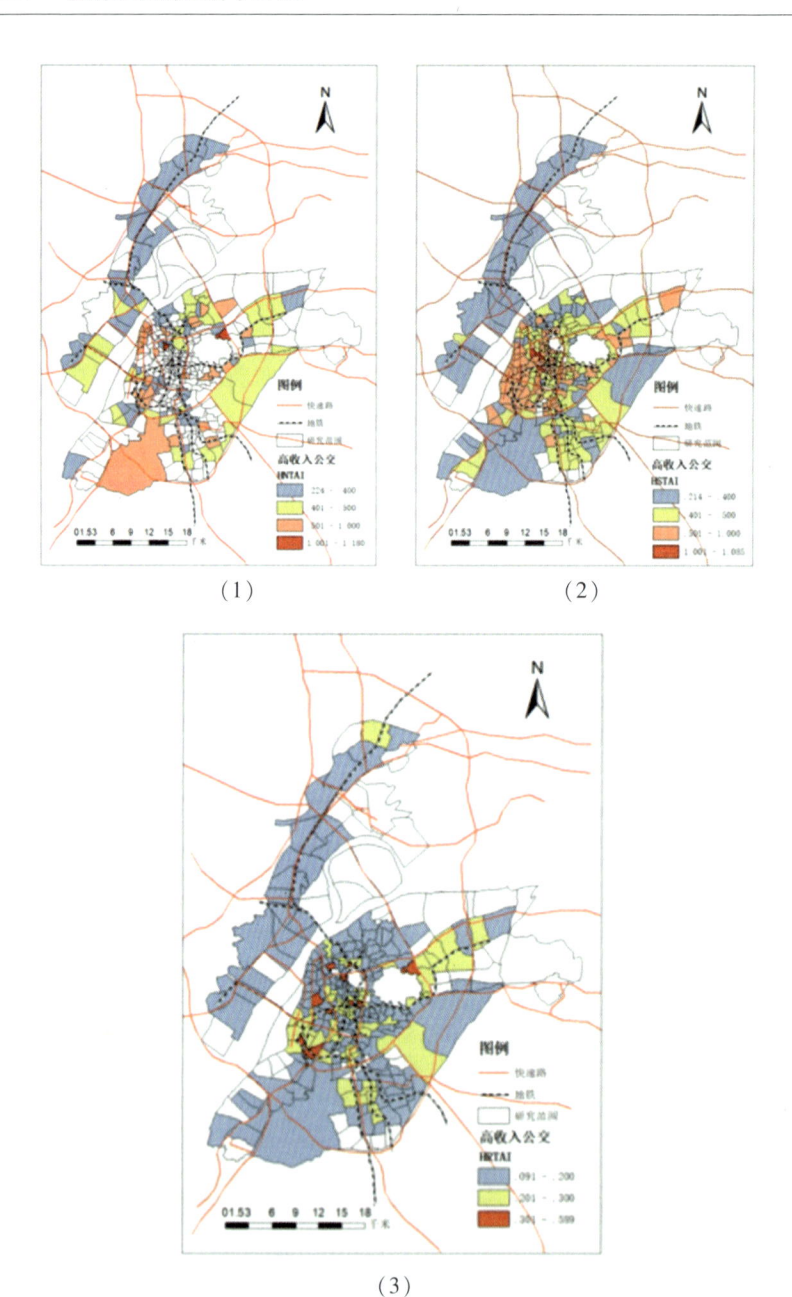

图7—13　南京市居民高收入家庭公交出行交通与住房可支付能力空间分布

注：(1) 新房；(2) 二手房；(3) 租房。

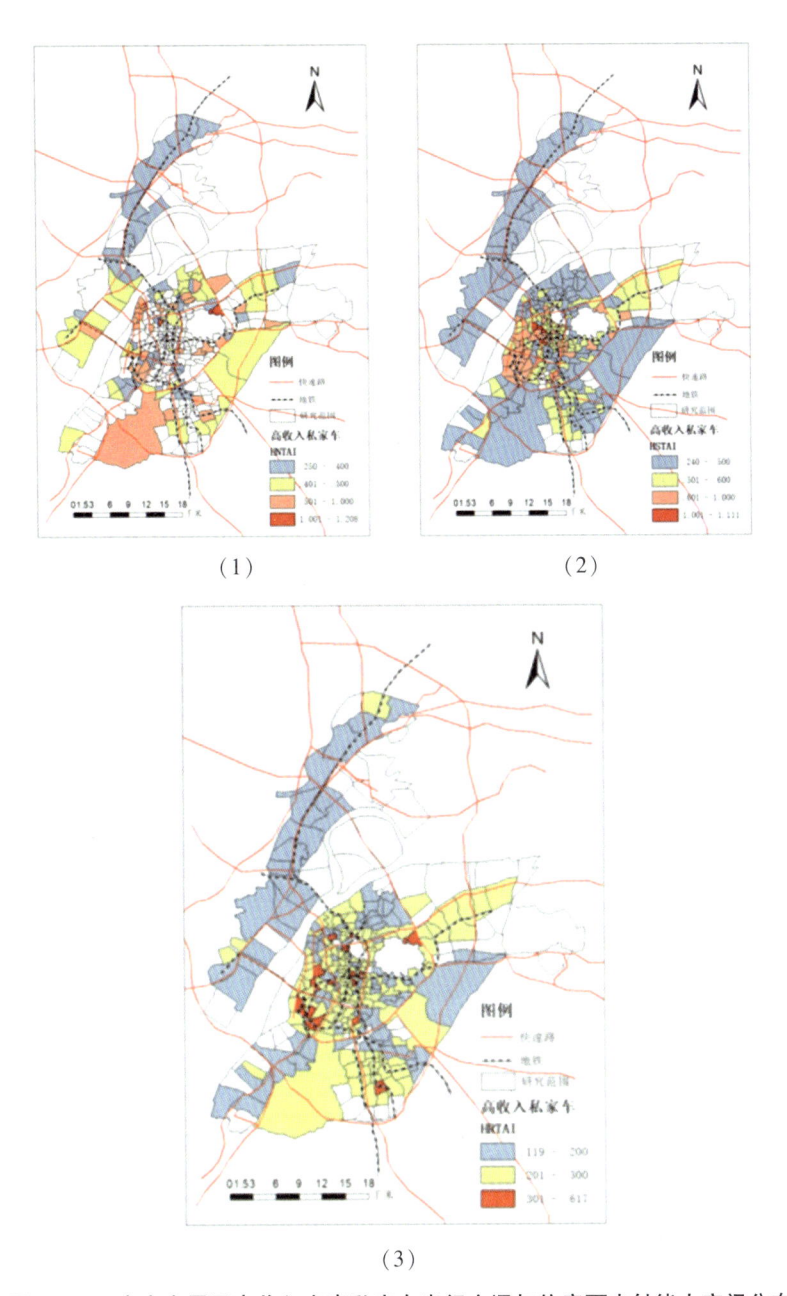

图 7—14　南京市居民高收入家庭私家车出行交通与住房可支付能力空间分布

注：（1）新房；（2）二手房；（3）租房。

表7—3　　南京居民住房和交通综合负担能力指数（H & TAI）

家庭分类	出行方式分类	新房	二手房	租房
低收入家庭（20%）	公交（不考虑私家车出行）	1.48	1.07	0.74
中等收入家庭（60%）	公交	1.11	0.81	0.49
	私家车	1.16	0.86	0.54
高收入家庭（20%）	公交	0.53	0.45	0.31
	私家车	0.54	0.46	0.32
加权平均值		1.07	0.79	0.48

从总体来看，新房综合可支付能力指数是1.07，说明南京居民对于新房的综合负担很重，其中占比80%的低收入居民家庭和中等收入居民家庭，难以支付购买新房的综合负担。二手房综合可支付能力指数是0.79，虽然处于可承受的范围，但是存在一定的压力，其中低收入阶层依然无法承担购买二手房的综合负担。租房的综合可支付能力指数是0.48，表明对于租房来讲，中心城区能基本达到60%以下全覆盖，综合负担相对轻，对所有家庭来说租房不存在综合负担。

从低、中、高不同收入水平的交通和住房综合支付能力来看，低收入家庭的住房和交通的综合支付能力很弱，只能承受租房+公交的综合负担，难以负担购买新房和二手房。中等收入阶层对于购买新房，综合负担处于不可承受范围，可以承受购买二手房和租房负担。对于高收入阶层，购买新房、二手房都处于可支付范围，基本不存在较重的综合负担。

从调查区域居民家庭（通过核算调查问卷数据，显示被调查区域居民家庭的平均收入处于统计年鉴数据的中等收入层次）的交通和住房综合支付能力来看，被调查区域居民家庭二手房的综合支付能力为85.83%，租赁住房的综合支付能力为53.27%，二手房月综合支出为6900元，租赁的住房与交通月平均支出为4283元，可见，被调查区域居民家庭对二手房的住房和交通的综合支付能力很弱。这和家庭原单位法研究结论是相一致的，中等收入阶层对于购买二手房，综合负担处于不可承受范围，购房对大多数家庭来说仍然是难以承受的负担，只能承受租房的综合负担，难以负担购买新房和二手房。

与采用剩余收入法计算的居民住房可支付能力（MHAI）相比，研究结果基本是相符的。剩余收入法计算的结果（MHAI）显示，2013年南京市居民中60%的居民对于本层标准住房可得性弱，对应的低收入家庭、中等偏下收入家庭和中等收入家庭在满足家庭的基本生活需求之后的剩余收入不足以支付购买住房的消费，可能会产生"住房引致贫困"的非正义现象。而在加入了交通成本的住房综合可支付能力计算结果显示：20%的低收入群体和60%的中等收入阶层对于购买新房的可支付能力都处于不可承受范围，即有80%的居民对于本层标准住房可得性非常弱，如果选择购房的方式实现居住权益会严重影响80%居民的生活质量，甚至是造成贫困，中低收入居民家庭实现居住的基本权益的综合负担较重。当综合考虑交通成本和住房成本，居民的住房综合可支付能力明显下降，说明交通成本因素对居民的住房综合负担产生了很大的影响。

2. 住房空间分布不能达到职住平衡的相对正义状态

城市中的微观空间，分为点状分布的职住区块和线状分布的交通两大部分，包括居住区单元、为居住区居民提供服务的学校、医院、商业等设施以及居民的工作场所，也包括把这些居住区、学校、医院、工厂等联系起来的网状的交通道路（车站），社会成员每天都生产、生活在这些微观点线空间之间。居住区的相对固定性决定了其与就业地、学校以及其他设施的位置关系，而这一位置关系就引致了相应的交通成本，成为家庭生活支出的重要部分。在城市空间上，就业、居住与交通是密切联系并应通过交通达到耦合状态，从微观个体层面看，这个耦合的过程就是社会成员在住房区位和就业区位选择上，关于住房成本和通勤交通成本的一个权衡过程。尤其是在现代城市不断发展、空间不断扩张、职住距离越来越远的背景之下，社会成员在选择住房时，会在住房价格和交通成本两者之间进行权衡，从而形成住房价格和通勤行为在空间上的变化规律。如美国学者的相关研究表明，一个工人家庭在住房上节约1美元，就有超过77美分花在交通上。

职住平衡的理念最早出现于19世纪末霍华德对田园城市的描述，他对就业与居住的平衡分布定义为居民能够在步行距离内实现就业。随着中国城镇化的迅猛推进，到 21 世纪初，大城市的城市扩张现象已十分明显，居民能够在步行距离内实现就业的职住平衡的状态基本是不可能实现的，通常情况下，住房的空间正义是指城市的就业地在附近提供了足够的住房以满足就业居民居住的需求，且住房价格与居民的收入水平相符合。若越多的就业者能够就近选择工作地，减少通勤距离，则代表该地区职住越均衡。但随着城市扩张和郊区化的不断推进，职住不平衡现象在大城市中日益显现，随着城市规模的扩展和多中心发展，大城市居民用于交通的消费成本，包括时间成本和货币成本，占居民家庭消费的比重已经越来越高，甚至成为重要负担，对于中低收入群体，居住与就业的不平衡所带来的住房和交通综合负担更加严重。

从南京居民的通勤时间来看，住房空间分布不能达到职住平衡的相对正义状态。本章节中首先引入交通可达性计算居民通勤时间成本，借助 ArcGIS 空间分析软件，利用成本加权距离法，基于平均出行时间作可达性评价，从而计算通勤时间成本。计算结果显示，南京市居民公交出行的平均通勤时间为 48 分钟，私家车出行的平均通勤时间为 45 分钟。

从南京居民通勤的时间成本和货币成本看，职住不平衡所带来的通勤成本已经成为南京居民家庭总消费的重要负担了。在本章节中，由于在可达性分析中，没有考虑公共交通出行的等待和换乘的时间成本，因此，为了更加合理地计算居民出行的时间成本，在公交出行的时间成本货币化过程中，加入 20 分钟等待和换乘的时间。这样，以南京居民公交出行的平均通勤时间为 68 分钟，私家车出行的平均通勤时间为 45 分钟核算居民的交通时间成本，再计算出南京居民交通负担能力（见表 7—4）。

表 7—4　　南京不同收入层次家庭的交通负担能力

家庭分类	低收入家庭公交	中等收入家庭公交	中等收入家庭私家车	高收入家庭公交	高收入家庭私家车	加权平均值
交通负担	0.16	0.13	0.18	0.12	0.13	
占比	20%	40.5%	19.5%	13.5%	6.5%	
						0.144

注：表示家庭收入与用于通勤交通成本的百分比。

可见，低收入家庭的交通负担有一定压力（由于考虑到低收入家庭的收入状况可能无力承担私家车购置成本和使用成本，本章节仅以公交出行作为低收入家庭的出行方式，这里不考虑低收入家庭私家车出行这一类情况，不计算私家车出行在低收入水平下的负担状态），而中等收入家庭如果选择私家车出行会感觉负担较重。加权平均后，居民总体的交通负担为 0.144，虽然处于可承受范围内，但是，居民中依然有 39.5% 的家庭交通负担超出可承受范围。

3. 职住分离、通勤时间增加和交通工具的使用造成城市环境非正义

交通时间和通勤时间的增加，不仅增加了居民的经济负担，与此同时，长距离的交通出行和私人交通工具的广泛使用，也带来了大量温室气体排放和环境污染等问题，造成城市环境非正义现象。环境正义的理念告诉我们，每一个社会成员，不论是处于什么样的经济状况、什么样的文化层次，都应该可以拥有安全、健康以及可持续性的环境及其所带来的福利，这是一种同等的权利。另处，每一个社会成员，都应该保护环境，不因社会地位、社会财富的不同而具有破坏或妨碍这种环境的权利。而职住分离、通勤时间增加和交通工具的大量使用正在破坏着这种安全、健康以及可持续性环境的权利。

由于缺乏南京机动车（私家车和公交车）相关基础数据，无法精确计算机动车（私家车和公交车）气体排放和环境污染清单，这里只能采用同类城市（具有相同交通道路条件）的基础数据粗略计算南京居民由于通勤时间增加和交通工具的使用带来的气体排放总量。

宋宁、张凯山等在《不同城市机动车尾气排放比较及数据可分享性评价》中探讨了在计算城市机动车尾气排放量时不同城市的基础数据共享的可能性，他们认为当所研究的城市有可用的数据时，采用该城市的数据；而如果所研究的城市没有可以用的数据时，可以采用同类城市数据的平均值。采用同类城市数据的平均值的方案有两种：一是可以采用同类某一个城市的基础数据，二是可以采用同类城市的基础数据的平均值。宋宁、张凯山等以北京、上海、天津和成都 4 个城市为案例，通过综合这几个城市现有的机动车相关数据，运用 IVE 模型计算了这几个城

市的机动车尾气排放因子和排放量。就路况、坡道和停—走（Stop - Go）等因素而言，南京的交通道路类型和北京、上海和天津类似，因此，本书采用其中同类城市北京、上海和天津的综合排放因子基础数据的平均值，私家车（出租车）CO 的综合排放因子为 25.89g/km，HC 的综合排放因子为 1.89g/km，NO_x 的综合排放因子为 0.91g/km；公交车 CO 的综合排放因子为 27.42g/km，HC 的综合排放因子为 2.27g/km，NO_x 的综合排放因子为 8.63g/km。

国家道路安全法对城市中的车辆行驶速度做出了相关规定，在没有限速标志、标线的道路上，机动车不得超过下列最高行驶速度：没有道路中心线的道路，城市道路为每小时 30 公里，公路为每小时 40 公里；同方向只有 1 条机动车道的道路，城市道路为每小时 50 公里，公路为每小时 70 公里。综合以上数据和南京市城市交通状况，这里我们取值每小时 50 公里。

根据前文中的交通可达性研究可知，南京市公交出行的平均通勤时间是 48 分钟，私家车出行的平均通勤时间是 45 分钟。假设公交出行的平均通勤时间和私家车出行的平均通勤时间分别减少 30 分钟，可以核算出平均每日南京居民（从业人员）由于通勤时间增加而造成增加的交通工具使用里程数，从而可以粗略计算出南京居民由于通勤时间增加和交通工具的使用带来的气体排放总量（见表 7—19）。

气体排放总量 = 综合排放因子 × 公里数/日 × 工作日数 × 从业人员数

按照南京统计年鉴（2014）的数据显示，2013 年南京的从业人员数为 2051922 人。

工作日数按照每月 22 天计算。

综上，假设公交出行的平均通勤时间和私家车出行的平均通勤时间分别减少 30 分钟，粗略计算一年南京居民由于通勤时间增加和交通工具的使用带来的气体排放总量为：私家车 CO 的排放总量约为 350291.7 吨，HC 的排放总量约为 25571.7 吨，NO_x 的排放总量约为 12312.3 吨；公交车 CO 的排放总量约为 370992.6 吨，HC 的排放总量约为 33709.5 吨，NO_x 的排放总量约为 116763.9 吨。

表7—5 南京居民由于通勤时间增加和交通工具的使用带来的气体排放总量

		CO		HC		NO$_x$
私家车	排放因子（g/km）	25.89	排放因子（g/km）	1.89	排放因子（g/km）	0.91
	年排放总量（吨）	350291.7	年排放总量（吨）	25571.7	年排放总量（吨）	12312.3
公交车	排放因子（g/km）	27.42	排放因子（g/km）	2.27	排放因子（g/km）	8.63
	年排放总量（吨）	370992.6	年排放总量（吨）	33709.5	年排放总量（吨）	116763.9

第八章

住房正义的评判

"住房正义"最基本的内涵可以阐释为"给每一个社会成员居住的权利保证",住房是人生存的必要条件,也是人的基本权利。基于社会主义市场经济下的分配正义原则,目前中国城市的住房正义是分层消费的正义,是承认个体差距的正义,但是差距应该保持在"合理"的范围内。前文中从三个方面对住房正义进行了定量研究,通过测算不同收入阶层居民的住房支付能力(MHAI),以衡量不同收入层次的居民对于分层次住房的可得性;通过考察住房市场需求和供给的均衡关系,考察住房市场和当地政府是否能根据居民住房支付能力和住房实际需求提供相应的住房供给,从而保证居民的住房基本权利的实现;引入由于居住区位所引致的交通成本,并把交通成本纳入居民住房综合负担的计算中,通过对城市中心城区的住房与交通综合负担(H & TAI)的研究,更加真实、准确地反映城市居民实际的经济压力、住房可承受能力和居住权利的实现程度。在对住房正义定量研究的基础上得出目前中国城市居民住房支付能力、供需结构等关于住房正义问题的相关结论。

第一节 基于居民住房可支付能力的住房正义分析

一 住房保障制度体现了一定程度的相对公平和人道主义原则

住房商品兼具个体消费的经济性和集体消费的社会性的特征。住房是一种特殊的商品,针对有能力支付与收入水平相当的住房的社会个体，住房是一个经济问题，供给与需求完全可以由市场机制调节。而对于中低及低收入群体，他们的收入水平无力通过市场解决住房困境，这就使得住房涉及社会的公平与和谐，成为社会问题，住房呈现出集体消费的特性。当市场失灵，市场机制无法配置作为集体消费品的住房资源时，政府必须要采取应对措施，承担起生产、供给和管理住房作为集体消费品的责任。政府要通过一定的顶层设计和政策调整实现住房领域的二次分配，实现住房领域的相对公平原则和人道主义。一部分社会成员及其家庭没有扩展住房消费的能力，通过政府在住房领域的二次分配的制度优惠政策，如经济适用房和限价商品房，增强了住房市场消费能力，从而通过购买住房实现了住房权利；还有一部分长期参与社会分配的能力比较弱的社会成员，政府通过廉租房、公共租赁住房制度以解决他们的住房问题。2010年之前实施的经济适用房制度，确实在一定程度上提升了低收入居民家庭住房可支付能力。2005—2010年，南京低收入居民的家庭住房可支付能力指数一直在1.2442—1.5519，这一部分家庭虽然家庭收入的绝对值不是很高，但是，他们在政府住房政策的帮助之下，住房可支付能力是相对稳定的，完全可以用家庭的剩余收入拓展相应的住房需求。这表明了2010年之前的住房保障制度，尤其是经济适用房制度的实施，很好地体现了住房正义的相对公平原则和人道主义原则。

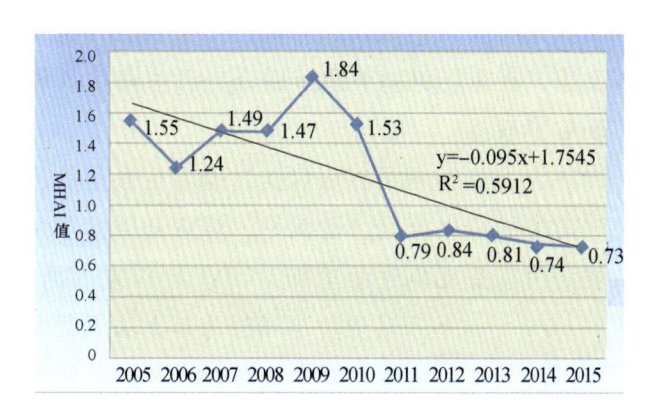

图8—1　2005—2015年南京低收入居民家庭 *MHAI* 变动趋势

但是，随着经济的发展，城市规模的扩大，目前的住房保障制度的这一作用正在逐渐减弱，已经无法帮助低收入人群提升住房可支付能力、实现居住的基本权利。从 2010 年开始，由于实施过程中存在诸多问题，南京经济适用房制度已经在事实上停止实施，这就造成了 2011 年的低收入居民的住房可支付能力指数一下子降到 0.7897，2015 年下跌至 0.7397，低收入人群的家庭剩余收入根本无法负担住房市场上相应的"标准住房"（60m²）消费。

二 住房正义的"差别"已经超出"合理"界限

现阶段中国城市中的住房正义应该遵循合理差别原则，通过市场机制实现住房资源的合理差别化分配。社会成员及其家庭的收入状况、社会资源占有程度等条件不同，根据不同的条件和消费能力，在市场机制调节下选择不同功能类型、不同面积、不同价格的住房，以合理的差别化原则实现住房的基本权利。分层消费本身就是体现了这种差别原则，根据居民家庭的收入状况对其进行合理分层，并赋予每一层次家庭合理的住房消费标准。根据这样的原则和标准进行分析，研究结果显示，在 2010 年之前的南京住房市场还是体现了这种合理的差别原则的，居民从低到高分为七个收入层次，他们根据自身不同的家庭收入状况，完全有能力承受相应层次的住房消费支出，在市场机制下选择适合自己家庭收入和消费偏好的住房而实现住房权益。

但是，2011 年之后，根据住房可支付能力指数显示，剩余收入不能拓展住房需求的居民家庭，也就是，对应分层标准住房不可得或可得性较弱居民家庭比例逐年增加，2011 年以来占据一半以上，目前已经达到 60%。这些家庭通过市场行为是无法承受相应层次的住房、实现住房权益的。这样的一个比例说明现阶段住房市场的差别化已经完全超越了住房正义所应该遵循和倡导的差别合理化的界限。

表 8—1　　　　　　南京市居民家庭住房可得性分析

年份	组别	MHAI	分层家庭所占比例（%）	对应分层标准住房不可得或可得性较弱居民家庭比例（%）
2005	1	-0.28	10	20
	2	1.55	10	
	3	0.87	20	
	4	1.54	20	
	5	2.43	20	
	6	1.33	10	
	7	2.13	10	
2006	1	-0.31	10	20
	2	1.24	10	
	3	0.89	20	
	4	1.46	20	
	5	2.29	20	
	6	1.19	10	
	7	2.02	10	
2007	1	-0.21	10	20
	2	1.49	10	
	3	0.88	20	
	4	1.39	20	
	5	2.10	20	
	6	1.18	10	
	7	2.08	10	
2008	1	0.42	10	30
	2	1.47	10	
	3	0.94	20	
	4	1.42	20	
	5	2.21	20	
	6	1.09	10	
	7	1.79	10	

续表

年份	组别	MHAI	分层家庭所占比例（%）	对应分层标准住房不可得或可得性较弱居民家庭比例（%）
2009	1	0.48	10	10
	2	1.85	10	
	3	1.07	20	
	4	1.51	20	
	5	1.25	20	
	6	1.46	10	
	7	2.14	10	
2010	1	0.48	10	30
	2	1.53	10	
	3	0.74	20	
	4	1.07	20	
	5	1.75	20	
	6	1.23	10	
	7	1.88	10	
2011	1	0.27	10	60
	2	0.79	10	
	3	0.50	20	
	4	0.79	20	
	5	1.16	20	
	6	0.97	10	
	7	1.50	10	
2012	1	0.38	10	60
	2	0.84	10	
	3	0.63	20	
	4	0.91	20	
	5	1.35	20	
	6	1.12	10	
	7	1.75	10	

续表

年份	组别	MHAI	分层家庭所占比例（%）	对应分层标准住房不可得或可得性较弱居民家庭比例（%）
2013	1	0.81	20	60
	2	0.61	20	
	3	0.92	20	
	4	1.26	20	
	5	1.60	20	
2014	1	0.74	20	60
	2	0.55	20	
	3	0.78	20	
	4	1.19	20	
	5	1.33	20	
2015	1	0.73	20	60
	2	0.51	20	
	3	0.76	20	
	4	1.12	20	
	5	1.49	20	

三 住房正义陷入"中等收入陷阱"的矛盾之中

"中等收入陷阱"（Middle Income Trap）的概念最早是世界银行《东亚经济发展报告（2006）》提出的。这份报告是针对国家和经济体而言，中等收入陷阱具有两个特征，一个特征是中等经济规模的经济体会出现经济增长的繁荣假象；一个是中等经济规模的经济体会在一定时期进入一个经济滞胀期，从而不能在经济、社会多个方面达到高经济规模所能达到的水平，进入高收入国家行列。进入这个时期，一个经济体或者是一个国家在由不发达阶段进入中等经济规模的过程中，一般会过度关注经济的增长，并能达到经济快速发展的结果，但是会由于过度关注经济的单边增长和经济快速发展而积累各种矛盾，并会在经济快速发展到一定规模之后集中爆发，从而造成社会发展、城市发展无法追赶经济"起飞"高速度,形成经济单边增长的繁荣假象。

"中等收入陷阱"是一个很宏观的经济概念,其实我们也可以借用这个概念分析中观和微观经济现象,比如城市住房正义中的中等收入阶层收入增长和住房支付能力下降的矛盾现象。考察前文针对南京居民家庭住房可支付能力所作的研究,可以发现,中等收入阶层一直处于一种收入的绝对量不断快速增长(如图4—15所示),但是住房可支付能力一直处于较低水平,并处于持续下降趋势中,2010年之后甚至降到1以下(如图4—15所示),说明中等收入家庭的剩余收入根本无法拓展住房需求,收入的增长与住房可支付能力指数处于负相关关系状态,中等收入阶层一直处于经济收入单边增长"繁荣假象"之中,这一阶层由于无法实现与之相适应的住房需求,一直处于住房支付的巨大压力之下,社会存在感和幸福感都受到影响。

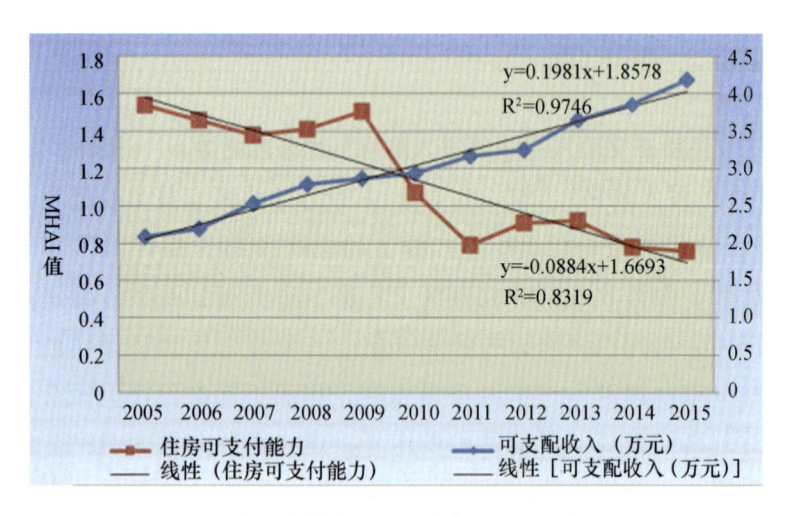

图8—2 南京中等收入居民家庭收入和住房可支付能力指数变化趋势比较

第二节 基于住房需求与供给均衡分析的住房正义分析

一 住房消费需求呈现两极分化的趋势

从 2005—2015 南京居民家庭的住房需求结构的变动趋势来看（表 5—13），居民家庭对低价商品住房的需求和对高档商品住房的需求在不断增长，2005 年居民家庭对低价商品住房的需求比例是 10.58%，2015 年达到 21.64%，2005—2015 年的平均增速是 3.51%；2005 年居民家庭对高档商品住房的需求比例是 23.46%，2015 年达到 41.11%，2005—2015 年的平均增速是 4.62%；而普通商品房的住房需求比例则从 65.96% 下降为 37.25%，2005—2015 年平均降幅为 6.04%。居民家庭对普通商品住房的需求不断向低价商品房和高档商品房两极拉伸，住房消费有效需求呈现出两极分化的趋势。

表 8—2　　2005—2015 年南京标准住房有效需求结构　　（单位：%）

年份	低价商品房	普通商品房	高档商品房
2005	10.58	65.96	23.46
2006	8.87	66.37	24.76
2007	13.44	63.03	23.52
2008	28.28	43.93	27.79
2009	30.40	39.86	29.75
2010	31.60	36.57	31.83
2011	24.39	37.70	37.91
2012	22.61	38.81	38.58
2013	21.33	39.28	39.39
2014	22.29	37.88	39.83
2015	21.64	37.25	41.11
平均增速	3.51	-6.04	4.62

经济发展总体水平提高，高收入人群数量不断增长，对高档住房的需求有了一定的增加。而土地资源有限，城市用地越来越紧张，国家限制性开发政策，使高档商品住房供应量在减少。住房市场上就会不断溢出一部分高档商品住房需求。这部分需求只能去普通商品住房市场甚至是小户型商品住房市场寻求释放，而事实上，高收入层次居民家庭购买普通商品住房甚至是小户型商品住房的目的不是为了居住，多是为了投资。一方面，住房开发者为了迎合高档住房消费需求，增大和改变普通商品住房的套均面积和户型；另一方面，高档商品住房需求被挤压转移必然催生出大量投资性住房消费，一定程度上带动了应该面向中等收入家庭的普通商品住房的价格的不断上升，这都直接导致住房市场出现非正义现象，中、低收入阶层的居民家庭实现住房权利的负担越来越重。

二 住房梯度供需结构不合理

在相对稳定的一段时期内，居民家庭的住房消费需求会形成一定的梯度变化结构，城市中不同收入水平的消费者对住房的需求有很大不同，他们会根据家庭情况选择不同类型的住房，通过不同的方式实现自我的居住的权利，从而使得住房正义体现出合理差距原则和特征。在住房商品化、市场化条件下，这种合理差别一定会体现在住房需求结构、住房供给结构和住房产品的档次结构等许多方面，即城市住房正义必须体现出梯度需求结构与梯度供给结构相匹配的原则，各类住房应该按需供给，否则只会造成资源浪费和非正义的上涨。

住房市场是否能满足城市中不同层次家庭的差别性的消费需求选择，开发和提供的房型、大小等必须是多样性的，否则就会出现不同层次的供需之间的断层，造成不同层次住房需求之间的挤压和倒灌，造成住房非正义现象的出现。

通过对南京市的住房需求与供给结构进行研究分析后发现，当前南京的住房消费和供给结构处于不均衡状态。一方面，总量结构上，住房的有效需求与实际供给结构呈现不均衡。小户型商品住房的实际供应比例超过了居民的有效需求比例，呈现出总量上的供过于求非均衡状态；普通商品住房的有效需求大于实际供给比例，呈现出总量上的需求大于供给的非均衡状态；高档商品住房呈现出总量上严重的供不应求非均衡状态。另一方面，住房产品结构上，实际供给与居民的有效需求呈现出产品结构的非均衡的特征。分析南京住房供给的产品类型（实际供给的各类住房套均面积）可以发现，不论是小户型商品住房、普通商品住房还是高档商品住房实际供给的住房套均面积都远远超出了对应收入层次居民有支付能力的有效需求的套均面积范围。尤其是普通商品住房的实际供给套均面积已经远远偏离普通商品住房套均面积的合理范围，2015年达到200.87平方米（与该类型住房相对应的收入层次城市居民中的有效需求套均面积应该在90—144平方米）。这也可以用来解释为什么总的供需比例已经达到了基本均衡，但实际上居民仍然不能购买到适合住房的现象。

三 住房供给需求结构不均衡

普通商品住房的短缺会导致普通商品房的自住需求总是居高不下，同时价格也难以下降。高居不下的价格又会导致居民对于整个住房市场的投资预期过分看好，这样的预期一旦形成，即使商品住房会根据需求和价格来自动调节供给，房价也不会由于供给的增加就马上相应下降。因为对于将要买房的人群来说，当期价格上涨会导致对下期的投资预期看好，导致感知风险加剧并产生购买意图，从而市场的有效需求增加，供需矛盾加剧，价格再次上涨，于是看涨预期被验证，如此往复循环，房价难以下降。而且随着价格的上涨，消费者对于价格的敏感度会降低，对于房价的接受能力变高，这会导致如果供给增加导致价格下降可能反而会刺激购买，再度拉升房价，这就形成了一种需求刚性。

高档住宅的售价比普通商品房高得多，中低收入人群以及中等收入人群的收入能力决定了他们几乎不可能购买高档住宅，所以由于普通商品房供给不足而导致的一部分过剩需求难以外溢到高档住宅市场。高档住宅的需求几乎不受影响。但是普通商品房的价格上涨使得市场预期看好，从而整体拉高住房的市场价格。

高档商品住房的有效需求比例远远大于其实际的供给比例，这部分无法满足的高档商品住房需求，被挤压转移到了普通商品住房市场甚至是小户型商品住房市场，催生出了大量二套房、投资房消费热潮，在一定程度上带动了普通商品住房市场户型的增大和价格的上升。

小户型商品住房供给大于需求，此时多余的小户型商品住房并不能发挥居住的功能，因为其他收入阶层的人一般不会选择入住小户型商品住房，只会使得普通商品住房市场上无法消化的需求外溢到小户型商品住房领域，从而产生投资型，甚至是投机型的住房需求，直接导致整体的房价上涨。

第三节　基于可支付能力空间差异的住房正义分析

一　住房空间分布不能达到职住平衡的相对正义状态

城市中的微观空间，分为点状分布的职住区块和线状分布的交通两大部分，包括居住区单元、为居住区居民提供服务的学校、医院、商业等设施以及居民的工作场所，也包括把这些居住区、学校、医院、工厂等联系起来的网状的交通道路（车站），社会成员每天都生产、生活在这些微观点线空间之间。居住区的相对固定性决定了其与就业地、学校以及其他设施的位置关系，而这一位置关系就引致了相应的交通成本，成为家庭生活支出的重要部分。在城市空间上，就业、居住与交通是密切联系并应通过交通达到耦合状态，从微观个体层面看，这个耦合的过程就是社会成员在住房区位和就业区位选择上，关于住房成本和通勤交通成本的一个权衡过程。尤其是在现代城市不断发展、空间不断扩张、职住距离越来越远的背景之下，社会成员在选择住房时，会在住房价格和交通成本两者之间进行权衡，从而形成住房价格和通勤行为在空间上的变化规律。如美国学者的相关研究表明，一个工人家庭在住房上节约1美元，就有超过77美分花在交通上。

职住平衡的理念最早出现于19世纪末霍华德对田园城市的描述，他对就业与居住的平衡分布定义为居民能够在步行距离内实现就业。随着中国城镇化的迅猛推进，到21世纪初，大城市的城市扩张现象已十分明显，居民能够在步行距离内实现就业的职住平衡的状态基本是不可能实现的，通常情况下，住房的空间正义是指城市的就业地在附近提供了足够的住房以满足就业居民居住的需求,且住房价格与居民的收入水平相符合。若越多的就业者能够就近选择工作地,减少通勤距离,则代表该地区职住越均衡。但随着城市扩张和郊区化的不断推进,职住不平衡现象在大城市中日益显现,随着城市规模的扩展和多中心发展,大城市居民用于交通的消费成本,包括时间成本和货币成本,占居民家庭消费的比重已经越来越高,甚至成为重要负担,对于中低收入群体,居住与就业的不平衡所带来的住房和交通综合负担更加严重。

从南京居民的通勤时间来看,住房空间分布不能达到职住平衡的相对正义状态。本章节中首先引入交通可达性计算居民通勤时间成本,借助 ArcGIS 空间分析软件,利用成本加权距离法,基于平均出行时间作可达性评价,从而计算通勤时间成本。计算结果显示,南京市居民公交出行的平均通勤时间为 48 分钟,私家车出行的平均通勤时间为 45 分钟。

从南京居民通勤的时间成本和货币成本看,职住不平衡所带来的通勤成本已经成为南京居民家庭总消费的重要负担。在本章节中,由于在可达性分析中,没有考虑公共交通出行的等待和换乘的时间成本,因此,为了更加合理地计算居民出行的时间成本,在公交出行的时间成本货币化过程中,加入 20 分钟等待和换乘的时间。这样,以南京居民公交出行的平均通勤时间为 68 分钟,私家车出行的平均通勤时间为 45 分钟核算居民的交通时间成本,南京居民交通负担能力加权平均值为 0.144。

二 职住分离造成城市环境非正义

交通时间和通勤时间的增加,不仅增加了居民的经济负担,与此同时,长距离的交通出行和私人交通工具的广泛使用,也带来了大量温室气体排放和环境污染等问题,造成城市环境非正义现象。环境正义的理念告诉我们,一方面每一个社会成员,不论是处于什么样的经济状况、什么样的文化层次,都应该可以拥有安全、健康以及可持续性的环境及其所带来的福利,这是一种同等的权利;另一方面,每一个社会成员,都应该保护环境,不因社会地位、社会财富的不同而具有破坏或妨碍这种环境的权利。而职住分离、通勤时间增加和交通工具的大量使用正在破坏着这种安全、健康以及可持续性环境的权利。

由于缺乏南京机动车（私家车和公交车）相关基础数据，无法精确计算机动车（私家车和公交车）气体排放和环境污染清单，这里只能采用同类城市（具有相同交通道路条件）的基础数据粗略计算南京居民由于通勤时间增加和交通工具的使用带来的气体排放总量。

宋宁、张凯山等（2011）在《不同城市机动车尾气排放比较及数据可分享性评价》中探讨了在计算城市机动车尾气排放量时不同城市的基础数据共享的可能性，他们认为当所研究的城市有可用的数据时，采用该城市的数据；而如果所研究的城市没有可以用的数据时，可以采用同类城市数据的平均值。采用同类城市数据的平均值的方案有两种：一是可以采用同类某一个城市的基础数据，二是可以采用同类城市的基础数据的平均值。宋宁、张凯山等以北京、上海、天津和成都4个城市为案例，通过综合这几个城市现有的机动车相关数据，运用 IVE 模型计算了这几个城市的机动车尾气排放因子和排放量。就路况、坡道和停—走（Stop-Go）等因素而言，南京的交通道路类型和北京、上海和天津类似，因此，本书采用其中同类城市北京、上海和天津的综合排放因子基础数据的平均值，私家车（出租车）CO 的综合排放因子为 25.89g/km，HC 的综合排放因子为 1.89g/km，NO_x 的综合排放因子为 0.91g/km；公交车 CO 的综合排放因子为 27.42g/km，HC 的综合排放因子为 2.27g/km，NO_x 的综合排放因子为 8.63g/km。

国家道路安全法对城市中的车辆行驶速度做出了相关规定，在没有限速标志、标线的道路上，机动车不得超过下列最高行驶速度：没有道路中心线的道路，城市道路为每小时 30 公里，公路为每小时 40 公里；同方向只有 1 条机动车道的道路，城市道路为每小时 50 公里，公路为每小时 70 公里。综合以上数据和南京市城市交通状况，这里我们取值为每小时 50 公里。

根据前文中的交通可达性研究可知，南京市公交出行的平均通勤时间是 48 分钟，私家车出行的平均通勤时间是 45 分钟。假设公交出行的平均通勤时间和私家车出行的平均通勤时间分别减少 30 分钟，可以核算出平均每日南京居民（从业人员）由于通勤时间增加而造成增加的交通工具使用里程数，从而可以粗略计算出南京居民由于通勤时间增加和交通工具的使用带来的气体排放总量(见表8—3)。

表8—3　　　　南京居民由于通勤时间增加和交通工具的
　　　　　　　　使用带来的气体排放总量

	CO		HC		NO$_x$	
私家车	排放因子（g/km）	25.89	排放因子（g/km）	1.89	排放因子（g/km）	0.91
	年排放总量（吨）	350291.7	年排放总量（吨）	25571.7	年排放总量（吨）	12312.3
公交	排放因子（g/km）	27.42	排放因子（g/km）	2.27	排放因子（g/km）	8.63
	年排放总量（吨）	370992.6	年排放总量（吨）	33709.5	年排放总量（吨）	116763.9

气体排放总量 = 综合排放因子 × 公里数/日 × 工作日数 × 从业人员数

按照南京统计年鉴（2014）的数据显示，2013年南京的从业人员数为2051922人。

工作日数按照每月22天计算。

综上，假设公交出行的平均通勤时间和私家车出行的平均通勤时间分别减少30分钟，粗略计算一年南京居民由于通勤时间增加和交通工具的使用带来的气体排放总量为：私家车CO的排放总量约为350291.7吨，HC的排放总量约为25571.7吨，NO$_x$的排放总量约为12312.3吨；公交车CO的排放总量约为370992.6吨，HC的排放总量约为33709.5吨，NO$_x$的排放总量约为116763.9吨。

参考文献

中文文献

［英］布莱恩·巴利：《社会正义论》，曹海军译，江苏人民出版社2007年版。

［美］约翰·罗尔斯：《正义论》，谢延光译，上海译文出版社1991年版。

［英］埃比尼泽·霍华德：《明日的田园城市》，金经元译，商务印书馆2000年版。

《马克思恩格斯选集》（1—4卷），人民出版社2012年版。

马克思、恩格斯：《德意志意识形态》，人民出版社1960年版。

蔡禾、张应祥：《城市社会学：理论与视野》，中山大学出版社2003年版。

陆学艺：《当代中国社会阶层研究报告》，社会科学文献出版社2002年版。

祁毅：《规划支持系统与城市公共交通》，南京大学出版社2010年版。

刘颖：《中国廉租住房制度创新的经济学分析》，上海人民出版社2007年版。

倪勇：《社会正义论》，中共中央党校出版社1998年版。

倪勇：《社会变革中的正义观念》，山东大学出版社2006年版。

《习近平总书记系列重要讲话读本（2016）》，人民出版社2016年版。

尹海伟、孔繁花：《城市与区域规划空间分析实验教程》，东南大学出版社2014年版。

周一星：《城市地理学》，商务印书馆1995年版。

赵振宇：《中国城镇住宅市场供需结构研究》，中国农业出版社2007

年版。

建设部课题组:《住房制度改革和房地产市场专题研究》,中国建筑工业出版社 2007 年版。

国家统计局、中国指数研究院:《中国房地产统计年鉴 2014》,中国统计出版社 2015 年版。

南京市统计局:《南京统计年鉴 2006—2016》,中国统计出版社 2007—2017 年各年版。

陈杰、郝前进、郑麓漪:《动态房价收入比——判断中国居民住房可支付能力的新思路》,《中国房地产》2008 年第 1 期。

陈杰、朱旭丰:《住房负担能力测度方法研究综述》,《城市问题》2010 年第 2 期。

高春花、孙希磊:《我国城市空间正义缺失的伦理视阈》,《学习与探索》2011 年第 3 期。

宫晓慧:《从梯度消费看中小户型住房的需求》,《企业技术开发》2005 年第 10 期。

浩春杏:《城市居民住房梯度消费中的家庭因素研究》,《江苏社会科学》2007 年第 3 期。

金晓斌、殷少美、尹小宁、周寅康:《城市住宅产业发展系统动力学研究》,《南京大学学报》(自然科学版)2004 年第 11 期。

季朗超:《中国住房迎来梯度消费时代》,《消费经济》2003 年第 5 期。

贾康、苏京春:《探析"供给侧"经济学派所经历的两轮"否定之否定"——对"供给侧"学派的评价、学理启示及立足于中国的研讨展望》,《财政研究》2014 年第 8 期。

何平:《调整房地产供给结构积极拉动内需》,《商业经济》2011 年第 2 期。

何舒文、邹军:《基于居住空间正义价值观的城市更新评述》,《国际城市规划》2010 年第 25 期。

赖华东、蔡靖方:《城市住房保障政策效果及其选择——基于住宅过滤模型的思考》,《经济评论》2007 年第 3 期。

李春会、张李斌:《习近平社会公平正义思想研究》,《理论月刊》2017 年第 4 期。

李春敏:《马克思恩格斯对城市居住空间的研究及启示》,《天津社会科学》2011年第3期。

刘丽荣:《保障性住房的合理供给与梯度消费模型的构建》,《建筑经济》2008年第10期。

刘霞辉:《供给侧的宏观经济管理——中国视角》,《经济学动态》2013年第10期。

卢卫、张智:《城市住房供求梯次配置体系的构建》,《天津大学学报》2007年第9期。

卢珂、李国敏:《住房公平与政府正义》,《社会科学辑刊》2012年第5期。

陆杰峰、阮连法:《住宅消费者需求研究》,《浙江大学学报》(人文社会科学版)2001年第6期。

孟祥远:《伦理学视角下的城市居住正义问题透视》,《新西部》2017年第11期。

钱振明:《走向空间正义:让城市化的增益惠及所有人》,《江海学刊》2007年第3期。

宋宁、张凯山等:《不同城市机动车尾气排放比较及数据可分享性评价》,《环境科学学报》2007年第12期。

沈君彬:《浅议我国居民住宅的超前消费观念问题:一种消费社会学的视角》,《引进与咨询》2005年第3期。

塔娜、柴彦威、刘志林:《过滤理论的起源、概念及研究进展》,《人文地理》2011年第1期。

熊帅梁:《论住房梯度消费理念的树立》,《湖南财经高等专科学校学报》2006年第12期。

王文婷:《城镇化对我国房地产市场需求的影响分析》,《现代物业》2010年第4期。

王文东:《恩格斯的居住正义思想及其启示》,《哲学动态》2010年第5期。

万膑莲、翟国方、何仲禹、范晨璟:《住房与交通可支付能力空间特征研究》,《经济地理》2016年第2期。

王雪峰:《住房负担能力度量——一个新的理论框架》,《经济评论》

2013年第1期。

武永祥、吴芳:《由居住需求层次分析看现阶段我国的住宅建设》,《中国房地产》2001年第9期。

吴海瑾:《论中国的房地产正义与多层次住房保障体系构建》,《江海学刊》2011年第5期。

吴刚:《城市居民住房支付能力研究——基于2000—2008我国10城市的经验数据》,《城市发展研究》2009年第9期。

杨赞、易成栋、张慧:《基于"剩余收入法"的北京市居民住房可支付能力分析》,《城市发展研究》2010年第10期。

杨赞、张蔚、易成栋等:《公共租赁住房的可支付性和可达性研究:以北京为例》,《城市发展研究》2013年第10期。

余成先:《我国房地产市场供给侧管理的动因与对策》,《宏观经济研究》2016年第5期。

周江:《住宅供给结构对房价的影响及调控政策》,《城市开发》2005年第4期。

周仁、郝前进、陈杰:《剩余收入法供需不匹配性与住房可支付能力的衡量——基于上海的考察》,《世界经济文汇》2010年第1期。

朱湘岚、黄有亮:《南京市城市住房需求的系统动态学分析》,《城市建设经济》2003年第4期。

宋博通、黄渝祥、陈广俊:《国外住房过滤模型的研究现状及启示》,《中国房地产导报》2000年第23期。

张鸿雁:《空间正义:空间剩余价值与房地产市场理论重构——新城市社会学的视角》,《社会科学》2017年第3期。

赵振宇、李柏洲:《存量与租赁住房对房地产投资结构调控研究》,《学术交流》2009年第1期。

曹嵘:《城市居住区位研究》,硕士学位论文,上海师范大学,2003年。

程益群:《住房保障法律制度研究》,博士学位论文,中国政法大学,2009年。

高艳芳:《我国低收入阶层住房保障制度研究》,硕士学位论文,河南大学,2010年。

高淑萍:《我国城市住房市场供求平衡与发展研究——以武汉市住房市

场为例》，硕士学位论文，华中农业大学，2005 年。

季晓旭：《我国城镇居民住房支付能力分布特征和影响因素分析》，博士学位论文，东北财经大学，2017 年。

刘可婧：《住房与交通综合可支付性指数的设计与应用》，硕士学位论文，清华大学，2010 年。

刘刚：《马克思恩格斯居住正义思想研究》，博士学位论文，福建师范大学，2012 年。

吕梦雪：《基于住宅选择视角的城市居住空间分异研究》，硕士学位论文，浙江大学，2011 年。

司洁：《城市中等收入家庭住房承受能力研究》，硕士学位论文，西安建筑科技大学，2013 年。

张怀阳：《上海市城市居民住房消费函数研究》，硕士学位论文，浙江大学，2005 年。

英文文献

Arthur O'Sullivan. Urban Economics [M]. New York: McGraw-Hill/Irwin, 2011.

B J Ranganath, Lewlyn L R Rodrigues. System Dynamics: Theory and Case Studies [M]. New Delhi: I K International Publishing House, 2008.

David Harvey. Rebel City: From the Right to the City to the Urban Evolution, London: 2012.

Hall T. Urban Geography [M]. Third edition. Routledge Contemporary Human Geography, 2006.

Jay Wright Forrester. Urban Dynamics [M]. Cambridge: Massachusetts Institute of Technology Press, 1969.

John M. Quigley. Housing Demand in the Short Run: An Analysis of Polytomous Choice [M]. Cambridge: National Bureau of Economic Research, 1976.

Robert E. Park, Ernest W. Burgess, Roderick Duncan McKenzie. The City [M]. Chicago: University of Chicago Press, 1925.

Stone, M. E. Shelter Poverty: New Ideas on Housing Affordability [M].

PhiladelPhia PA, TemPle University Press.

Wilson, W. J. The Truly Disadvantaged: The Inner City, the Underclass, and Public Policy [M]. Chieago, IL, University of Chicago Press.

Anderson W P, Kanaroglou P S, Miller E J. Urban Form, Energy and the Environment: A Review of Issues, Evidence and Policy [J]. Urban studies, 1996, 33 (1).

Abeysinghe T, Gu J. Lifetime Income and Housing Affordability in Singapore [J]. Urban Studies, 2011, 48 (9).

Burke T, Ralston L. Measuring Housing Affordability [J]. Australian Housing and Urban Research Institute, 2004, (5).

Bogdon A S, Can A. Indicators of Local Housing Affordability: Comparative and Spatial Approaches [J]. Real Estate Economics, 1997, 25 (1).

Benjamin P. Thompson, Lawrence C. Bank. Use of System Dynamics as A Decision-making Tool in Building Design And Operation [J]. Building and Environment, 2010 (4).

Benenson I, Omer I, Hatna E. Entity-based Modeling of Urban Residential Dynamics: The Case of Yaffo, Tel Aviv [J]. Environment and Planning B: Planning and Design, 2002, 29 (4).

Currie G, Senbergs Z. Exploring Forced Car Ownership In Metropolitan Melbourne, 2007 [C].

C Watkins. Microeconomic Perspectives On The Structure and Operation of Local Housing Markets [J]. Housing Studies, 2008, Vol. 23.

C. Tiebout. Apure: Theory of Local Public Ex Penditure [J]. Journal of Politieal Eeonomy. 1956 (10).

Duran-Encalada, J., A. Paucar-Caceres. System Dynamics Urban Sustainability Model for Puerto Aura in Puebla, Mexico [J]. Systemic Practice and Action Research, 2009, 22 (2).

Dusansky R., Ç. Koç. Household Housing Demand: Empirical Analysis and Theoretical Reconciliation [J]. The Journal of Real Estate Finance and Economics, 2012, 44 (4).

David L. Accessibility and the Journey of Transport Geography [J].

1992, 6 (1).

Fong W-K, H. Matsumoto. Application of System Dynamics Model As Decision Making Tool in Urban Planning Process Toward Stabilizing Carbon Dioxide Emissions From Cities [J]. Building and Environment 2009, 44 (7).

Transactions of the Institute of British Geographers New Series, Gridgdby. W. Housing markets and Publie Policy [J]. PhiladelPhia: University of Pennsylvania Press, 1963.

Glaeser E G J. The Impact of Building Restrictions On Housing Affordability [J]. Economic Policy Review, 2003 (9).

Goodman A. C. An Econometric Model of Housing Price, Permanent Income, Tenure Choice, and Housing Demand [J]. Journal of Urban Economics, 1988, 23 (3).

Haurin D. R. Income Variability, Homeownership, And Housing Demand [J]. Journal of Housing Economics, 1991, 1 (1).

Haurin D. R., P. H. Hendershott. Housing Decisions of American Youth [J]. Journal of Urban Economics, 1994, 35 (1).

Henri Lefebrve, Comments on a New State Form, Antipode, 2001.

Horner M W. SpatialDimensions of Urban Commuting: A Review of Major Issues and Their Implications for Future Geographic Research [J]. PROFESSIONAL GEOGRAPHER, 2004, 56 (2).

Hulchanski. D. The Concept of Housing Affordability: Six Contemporary Uses of the Housing Expenditure-to-Income Ratio [J]. Housing Studies, 1995 (4).

Ho M H, Chiu R L. Impact of Accessibility on Housing Expenditure and Affordability in Hong Kong's Private Rental Sector [J]. Journal of Housing and the Built Environment, 2002, 17 (4).

Horner M W. Extensions To the Concept of Excess Commuting [J]. Environment and Planning A, 2002, 34 (3).

Ioannides Y. M., J. E. Zabel. Neighbourhood Effects and Housing Demand [J]. Journal of Applied Econometrics, 2003, 18 (5).

Isalou A A, Litman T, Shahmoradi B. Testing theHousing and Transportation Affordability Index in a Developing World Context: A Sustainability Comparison of Central and Suburban Districts in Qom, Iran [J]. Transport Policy, 2014, 33.

Isaac Dyner, Ricardo A. Smith, Gloria E. Peña. System Dynamics Modeling for Residential Energy Efficiency Analysis and Management [J]. The Journal of the Operational Research Society, 1995, Vol. 46, No. 10.

Jay Wright Forrester. Industrial Dynamics – A Major Breakthrough for Decision Makers [J]. Harvard Business Review, 1956, Vol. 36, No. 4.

Jackson Jeremy, Forest Benjamin. Agent-Based Simulation of Urban Residential Dynamics and Land Rent Change in a Gentrifying Area of Boston [J]. Transactions in GIS, 2008 (4).

James C. Ohls. Public Policy Toward Low Income Housing and Filtering in Housing Markets [J]. Journal of Urban Economics, 1975 (2).

Kellett J, Morrissey J, Karuppannan S. The impact of Location on Housing Affordability, 2012 [C].

Katz, Rosen. The Inter jurisdietional Effeets of Growth Controls on Housing Priees [J]. Journal of Low and Eeonomies. 1987 (4).

KAIN J F. Housing Segregation, Negro Employment, and Metropolitan Decentralization [J]. Quarterly Journal of Economics, 1968, 82 (2).

Lowry. lra. Filtering and Housing Standard: A Conceptual Analysis [J]. Land Eeonomies, 1960 (4).

Linneman P D, Megbolugbe I F. Housing Affordability: Myth or Reality? [J]. Urban Studies, 1992, 29 (3 – 4).

Maker C. Urban Social Geography: An Introduction [J]. New Zealand Geographer, 1997, 53 (1).

Ohls. J. Public Policy Toward Low-ineome. Housing and Filtering in Housing Markets [J]. Journal of urban Eeonomies, 1975 (15).

O Flasherty. An Economic Theory of Homelessness and Housing [J]. Journal of Housing Economics, 1995 (4).

Persky J, Felsenstein D. Multipliers, Markups, and Mobility Rents: In Defense of — Chain Models ‖ In Urban and Regional Analysis [J]. Environment and Planning, 2008, Vol. 40.

Quigley J M, Raphael S. Regulation and the High Cost of Housing in California [J]. American Economic Review, 2005, 95 (2).

Rapaport C. Housing Demand and Community Choice: An Empirical Analysis [J]. Journal of Urban Economics, 1997, 42 (2).

Richard J. Arnott, Ralph. M. Braid. A Filtering Model with Steady-State Housing [J]. Regional Science and Urban Economics, 1997 (8).

R. Green, P. H. Hendershott: Aging, Housing Demand, and Real House Prices [J]. Regional Seieneeand Urban Economies. 1996 (26).

Robinson Mark S G M H. Affordability of Housing: Concepts, Measurement and Evidence [J]. NZ Treasury Working Paper, 2006 (3).

R. S. Sandhu, B. C. Aldrieh. Third World Housing: The Future 15 Now. HabitatInt. 1998 (3).

Stone. M. E. A Housing Affordability Standard for the UK [J]. Housing studies, 2006 (4).

So H M, Tse R Y, Ganesan S. Estimating theInfluence of Transport on House Prices: Evidence From Hong Kong [J]. Journal of Property Valuation and Investment, 1997, 15 (1).

Sweeney. J. L. Quality Commodity Hierarchies, and Housing Markets [J]. Eeonometrca, 1974 (42).

Takahiro Miyao. Dynamics and Comparative Statics in the Theory of Residential Location [J]. Journal of Economic Theory, 1975, Vol. 11.

Waddell P. A Behavioral Simulation Model For Metropolitan Policy Analysis and Planning: Residential Location and Housing Market Components of UrbanSim [J]. Environment and Planning B: Planning and Design, 2000 (2).

后 记

当代中国正处于全面建成小康社会的决胜期、改革进一步深化期和城市化快速发展时期，目前中国城市的住房正义应以遵循分层消费和合理差距原则为前提，又以相对公平为归依，以人为本是新时代住房正义的核心要求和内涵，这也是当代中国进一步深化住房制度改革的目标和价值取向。突破正义理论的政治学研究领域，多元视角审视新时代住房正义问题，扩展分配正义和住房正义的理论内涵和研究框架，采用跨学科的研究方法从三个方面来衡量住房正义，基于"分层"和"合理差距"量化不同收入层次家庭的住房权利的实现程度，并聚焦于南京市的住房市场中，通过实证研究得到目前中国城市居民住房支付能力、供需结构等关于住房正义问题的相关结论。当代中国的住房市场显现出了明显的分层消费和过于严重的"差别"特征。当代中国城市中的住房正义应该遵循合理差别原则，通过市场机制实现住房资源的合理差别化分配。研究结果显示，住房市场上还是呈现了这种合理的差别原则的特征，社会成员及其家庭的收入状况、社会资源占有程度等条件不同，根据不同的条件和消费能力，在市场机制调节下选择不同功能类型、不同面积、不同价格的住房，低收入、中等收入、高收入家庭，他们根据自身不同的家庭住房可支付能力，以购买新房、二手房或者是租房等不同的方式实现住房的基本权利。但是，通过研究还发现，现阶段住房市场的差别化已经完全超越了住房正义所应该遵循和倡导的差别合理化的界限。研究结果显示：20%的低收入群体和60%的中等收入阶层对于购买住房的可支付能力都处于不可承受范围，即有80%的居民对于本阶层标准住房可得性非常弱，购买住房会严重影响80%居民的生活质量，甚至造成贫困。

通过实证研究显示，我国城镇居民家庭的住房可支付能力呈现下降趋势。居民家庭住房可支付能力是在逐渐减低的，呈现很明显的下降趋势，对应分层"标准住房"不可得或可得性较弱居民家庭的比例逐年增加。在这其中，中等收入阶层一直处于一种收入的绝对量不断快速增长，但是住房可支付能力一直处于较低水平，并处于持续下降趋势中，中等收入家庭的剩余收入根本无法拓展住房需求，收入的增长与住房可支付能力指数处于负相关关系状态，中等收入阶层一直处于经济收入单边增长"繁荣假象"之中，这一人数众多的中等收入阶层由于无法实现与之相适应的住房需求，一直处于住房支付的巨大压力之下，社会存在感和幸福感都不强。住房梯度供需结构不合理，无法支撑实现住房正义的"合理差距"。在相对稳定的一段时期内，城市住房正义必须体现出梯度需求结构与梯度供给结构相匹配的原则，各类住房应该按需供给，否则只会造成资源浪费和非正义的价格上涨。通过研究发现，住房消费和供给结构处于不均衡状态，一方面，总量结构上，住房的有效需求与实际供给结构呈现不均衡。小户型商品住房的实际供应比例超过了居民的有效需求比例，呈现出总量数据上的供过于求非均衡状态；普通商品住房的有效需求大于实际供给比例，呈现出总量数据上的需求大于供给的非均衡状态；高档商品住房呈现出总量上严重的供不应求非均衡状态。另一方面，住房产品结构上，实际供给与居民的有效需求呈现出产品结构的非均衡的特征。南京住房供给的产品类型（实际供给的各类住房套均面积）可以发现，不论是小户型商品住房、普通商品住房还是高档商品住房的实际供给的住房套均面积都远远超出了对应收入层次居民有支付能力的有效需求的套均面积范围。尤其是普通商品住房的实际供给套均面积已经远远偏离普通商品住房套均面积的合理范围。住房供给需求结构的不均衡不仅不能支撑实现住房正义的"合理差距"，更可能导致房价居高不下。住房空间分布不能达到职住平衡的相对正义状态并造成城市环境非正义。从城市居民通勤的时间成本和货币成本看，职住不平衡所带来的通勤成本已经成为通勤者的重要负担，住房空间分布不仅不能达到职住平衡的相对正义状态。职住分离、交通时间和通勤时间的增加，不仅增加了居民的经济负担，与此同时，长距离的交通出行和私人交通工具的广泛使用，也带来了大量温室气体排放和环境污染等问题，造成城市环境非正义现象。从突出住房产品的经济属性转变为强调住房的居住本质属性,差别对待不同收入层次居民以及他们不同的住房需求特点,根据分层原则,分类界定住房产品的属性,并在供给结构上丰富不同类型住房产品,在住房制度上实现供给主体多元化、保障渠道多样化、租购并举,让全体社会成员实现住有所居的基本权利。